Das Bergische Land aus der Vogelperspektive

Copyright

Herausgeber: E. H. Ullenboom, Gronenberg Druck & Medienservice, Wiehl
Gesamtherstellung: Gronenberg Druck & Medienservice, Wiehl

ISBN 3-88265-209-8

Das Bergische Land aus der Vogelperspektive

Luftbilder von Corneel Voigt (DGPh)
Texte von Klaus Saeger

Verlag Gronenberg

Inhaltsverzeichnis aller aufgeführten Städte und Gemeinden nebst den abgebildeten Objekten

Inhaltsverzeichnis aller aufgeführten Städte und Gemeinden nebst den abgebildeten Objekten

Vorbemerkungen der Autoren

Geschichtliches

„Heie, Berge romerike!" riefen die bergischen Bauern, als sie furchtlos ins Kampfgeschehen bei Worringen am Rhein eingriffen, um der Schlacht die entscheidende Wende zu geben, denn sie waren fest davon überzeugt, dem Gegner in seinem Streben nach Machterweiterung Einhalt gebieten zu müssen. „Heia, ruhmreiches Berg!" – Enthusiasmus und tiefe Überzeugung, für eine ehrenvolle Sache einzutreten, stand hinter dem Schlachtruf des Jahres 1288. Die gegnerische Seite, das war der mächtige Kölner Erzbischof Siegfried von Westerburg, der auf Gebiete rechts des Rheines schon seit langem anmaßende Rechtsansprüche erhoben hatte. Den Bauern ging es also um die Verteidigung ihrer, wenn auch kargen, Heimat, und es hat ihnen nicht die Existenznot allein, sondern auch ein gerüttelt Maß an Stolz die Waffen geführt, sofern sie denn überhaupt im Besitz solcher gewesen sind. Bevor wir nun dieses kriegerische Ereignis in einen größeren Zusammenhang einordnen, soll hier der Frage nachgegangen werden, wie es mit dem Bergischen Land begann.

Noch weitgehend im Dunkeln liegt nach dem heutigen Stand der Forschung der Beginn der Siedlungsgeschichte des Bergischen Landes. Vereinzelt sind um die Zeit unmittelbar vor Christi Geburt Spuren des hier seßhaft gewordenen germanischen Volksstammes der Sugambrer nachweisbar (z. B. die Erdenburg bei Bensberg), die jedoch mehr die zum Rhein hin gelegenen Gebiete als das Landesinnere besiedelten, von den Römern jedoch wegen ständiger Grenzverletzungen zurückgedrängt worden sind. Geregelte Siedlungspolitik auf dem Territorium zwischen Wupper und Sieg geschieht durch fränkische und sächsische Stämme etwa ab dem 6. Jh. n. Chr. Erste kulturelle Einflüsse vollziehen sich. Lange bleibt unklar, wer dabei die Vormachtstellung erhält. Heftige Auseinandersetzungen enden jedoch in einem Zustand des gegenseitigen Respektierens. Der westliche Teil des Gebietes wird fränkisch, der östliche sächsisch.

Von rheinischen Klöstern geht im 7. Jh. die Christianisierung des Bergischen Landes aus, was die Gründung von Missionsstützpunkten, sog. Urpfarreien, in Gummersbach, Lindlar Nümbrecht, Morsbach, Wipperfürth, Wiehl und Waldbröl nach sich zog. Der iro-schottische Mönch St. Suitbertus (gest. 713) gründete das Kloster Kaiserswerth. Er war maßgeblich an der Verbreitung des Christentums im niederbergischen Raum beteiligt.

Stabile politische Verhältnisse begannen nach den Sachsenkriegen Karls des Großen. Die lothringischen Pfalzgrafen aus dem Geschlecht der Ezzonen übernehmen gegen Ende des 10. Jh. die Regierungsgewalt, bauen die Besiedlung planmäßig weiter aus und sorgen dafür, daß sich fränkische Kultur durchsetzt.

Die politische Geschichte des Bergischen Landes nahm ihren eigentlichen Anfang mit der Dynastie aus dem Hause Berg. Adolf I., zunächst noch Vogt der Kirchengüter Deutz, Werden und Siegburg, erhält 1101 das Amt des Gaugrafen. Er nennt sich nun Graf Adolf von Berg und nimmt seinen Wohnsitz auf der Burg Berg links der Dhünn bei der heutigen Ortschaft Altenberg. Aber schon kurz darauf gibt er die Anlage auf und errichtet mit Schloß Burg an der Wupper für sich und seine Nachfolger einen neuen Stammsitz. Er beschließt sein Leben als Mönch im Zisterzienserkloster Altenberg im Jahr 1152, das er kurze Zeit zuvor den frommen Brüdern aus dem französischen Morimond gestiftet hatte.

Keiner seiner Nachfolger in der ersten, nur 124 Jahre andauernden bergischen Dynastie hat die Geschichte des Bergischen Landes in dem Maße mitbestimmt und ist dabei zu solch großer Machtfülle gelangt wie Engelbert II., genannt „Der Heilige", und dies sowohl in staats- wie kirchenpolitischer Hinsicht. Seine Karriere, die er als Propst von St. Georg 1198 in Köln begann, fiel in die Zeit des deutschen Thronstreits zwischen Welfen und Staufern. Auch bestanden zwischen Staat und Kirche erhebliche Meinungsdifferenzen in Kompetenzfragen, z.B. ob das Papsttum die Oberherrschaft über den Klerus ausüben dürfe. Das hatte unsichere Verhältnisse im Reich heraufbeschworen, die auf jeden Fall Köln und das Rheinland, letztlich auch das Bergische Land berührten. Zeitweise besaß Köln zwei Erzbischöfe. Durch geschicktes Taktieren verschaffte sich Engelbert die Gunst Kaiser Friedrichs II. 1216 wurde Engelbert Erzbischof von Köln; die religiöse Ordnung wiederherstellend, gelang ihm binnen weniger Jahre auch die politische Reorganisation der instabilen Verhältnisse. Er avancierte 1220 zum Erzieher Heinrichs VII., des Sohnes Friedrichs II., und sogar zum Reichsverweser, da der Kaiser das Reich vorwiegend vom fernen Apulien aus regierte. Selbst der Dichter Walter von der Vogelweide war voll des Lobes über ihn.

Von der hohen Warte erreichter Machtfülle aus mag Engelbert unsensibel vorgegangen sein, als er nach der Herrschaft über das Bergische Land griff und dabei den bevorrechtigten Heinrich von Limburg ausschaltete (1218). Wo auch immer die ordnende Hand dieses bergischen Grafen eingriff, er war erfolgreich und entschied die Dinge zu seinen Gunsten. Doch inzwischen hatten Neid und Mißliebigkeit eine Verschwörung unter den Verwandten entstehen lassen. Der Mordanschlag am 7.11.1225 bei Gevelsberg setzte Engelberts Leben ein jähes Ende; Heinrich von Isenberg wurde als der Rädelsführer im Jahr darauf zum Tode verurteilt, der Ermordete schon bald im ganzen Reich als Märtyrer verehrt.

Ab 1225 übernehmen die Grafen von Limburg die Herrschaft im Bergischen Land. Hatte bisher zwischen der Grafschaft Berg und dem Erzbistum Köln ein gutes Einvernehmen bestanden – stammten doch gleich fünf der Kölner Erzbischöfe aus dem Hause Berg –, so verschlechterten sich die Beziehungen fortan ganz erheblich. Den neuen Herren ging es um Wiedererlangung von Vogteirechten; der Kirche waren diese jedoch nicht kampflos abzuringen, darüber hinaus ging es um das Eindämmen der Machtbestrebungen des Kölner Erzbistums am linken Niederrhein, und in dieser Sache war man sich mit anderen Nachbarn einig. Man formierte sich mit den Grafschaften Jülich, Mark und der Stadt Köln gegen eine Allianz, welche unter Führung des Kölner Erzbischofs Sigfried von Westerburg stand. Geldern, Nassau, Luxemburg und Aachen waren die Verbündeten. Die Schlacht bei Worringen am 1.6.1288 brachte dem Kölner Erzbischof die Niederlage. Der Sieg über den ungeliebten Kirchenfürsten – erstritten nicht zuletzt von den mutigen bergischen Bauern – verschaffte der Grafschaft Berg Gebietsvorteile und wiedererlangte Vogteirechte. Erinnern wir uns in diesem Zusammenhang nochmals an den anfangs zitierten, patriotischen Schlachtruf „Heie, Berge romerike!".

Im selben Jahr erhielt Düsseldorf Stadtrechte. Als 1348 die Limburger Linie des Hauses Berg ausstirbt, gelangen die Grafen von Jülich an die Macht; unter ihnen wird Düsseldorf zur neuen Residenzstadt. König Wenzel von Böhmen erhebt Wilhelm II. von Jülich 1380 in den Herzogstand, so daß die ehemalige Grafschaft Berg nun mit Jülich zum Doppelherzogtum zusammenwächst.

Ein wichtiger territorialer Zusammenschluß bestimmt um die Wende vom 15. zum 16. Jh. erneut das politische Geschehen im Bergischen Land. Ohne einen männlichen Nachfolger geblieben, schließt Wilhelm IV. von Jülich-Berg mit dem Kaiser 1496 ein Abkommen, das die Heirat seiner Erbtochter Maria mit Herzog Johann Cleve und somit die Erbfolge ermöglicht. Lange Jahre der Streitigkeiten zwischen beiden Herrscherhäusern sollten sich daran anschließen. Endlich, nach 25 Jahren, folgte im Jahre 1521 die Vereinigung auch der weltlichen Herzogtümer Jülich-Berg mit Cleve-Mark, also die Erfüllung des Erbvertrags.

Das Bergische Land, nun Teil eines großflächigen Territoriums, nahm im Gegensatz zu den anderen Landesteilen weniger an der nun einsetzenden Blüte von Handel und Verkehr teil. Weitgehend von der Agrarwirtschaft her bestimmt, gab es nur vereinzelt, je nach Vorkommen von Eisenerzlagern, gewissen Wohlstand aus der Herstellung typischer Produkte (z.B. Schneidwaren und Waffen aus Solingen, Tuche aus Wipperfürth, Werkzeug aus Remscheid). Dieser Zustand sollte sich erst im 19. Jh. mit dem Aufkommen der allgemeinen Industrialisierung ändern.

Um die Mitte des 16. Jh. trat das Bergische Land in eine Phase religiös-kirchlicher Auseinandersetzungen, deren erste Ansätze noch im Keim erstickt werden konnten (A. Clarenbach aus Remscheid-Lüttringhausen, 1529 als Ketzer in Köln hingerichtet), die bis 1580 jedoch fast überall zum Bekenntniswechsel geführt hatten. Die katholische Lehre konnte sich – übrigens bis heute – lediglich in einigen „Inseln" behaupten (z.B. in Wipperfürth). Starke Unterstützung erhielt der sich etablierende Protestantismus aus dem niederländischen Raum, mit dem das Bergische Land in engen Handelsbeziehungen stand. Außerdem ist ein beachtlicher Zustrom fremder Glaubensflüchtlinge (Hugenotten) festzustellen. Im Gefolge dieser veränderten Bekenntnisstruktur standen wiederum fruchtbare Auswirkungen auf das Wirtschafts- und Geistesleben.

Noch vor dem 30jährigen Krieg gelangte im Herzogtum Jülich-Berg die Wittelsbacher Linie Pfalz-Neuburg an die Macht (1609). Unter den Regenten dieses Hauses ist Kurfürst Johann Wilhelm II. (1679–1716) eine herausragende Erscheinung. Obschon seine politischen Leistungen geringer anzusetzen sind, liegen seine Verdienste in liberaler Geisteshaltung und ausgeprägtem Kunstsinn, Eigenschaften, für die ihm das Volk, zumal die Düsseldorfer, sehr zugetan war. Eine sich in Frankreich stark entfaltende Baukunst vor Augen, setzte „Jan Wellem", wie man ihn volkstümlich genannt hat, in Düsseldorf eine rege Bautätigkeit in Gang und verstand es, die Stadt zur barocken Residenz umzugestalten. Auf den kunstliebenden Kurfürsten gehen die herrlichen Barockschlösser in Benrath und Bensberg zurück.

Die Jahre 1792 bis 1806 – das Bergische Land stand noch unter der Regentschaft pfälzischer bzw. nachher bayerischer Kurfürsten – wurden nachhaltig durch den Einfluß der französischen Fremdherrschaft bestimmt. Der Niedergang des „Ancien régime", an dessen Stelle mehr und mehr die Lebensformen einer von der französischen Revolution ausgehenden liberalen Grundordnung traten, war unübersehbar. Ab 1797 galten für das linksrheinische Gebiet, inzwischen hoheitlich ein Teil Frankreichs, eine Reihe von Neuerungen, z.B. Abschaffung der Zünfte, Gewerbefreiheit, Gleichheit aller Bürger vor dem Gesetz, einheitliches Münzrecht und Aufhebung der alten Gebietseinteilung. Das 1806 durch Napoleon gebildete Großherzogtum Berg wurde für zwei Jahre von dessen Schwager Murat regiert, danach übte Napoleon hier selbst die Regierungsgewalt aus. Bald unterstand auch das Bergische Land diesen Neuordnungen („Code Napoléon"). Für den bereits begonnenen industriellen Aufschwung sollte sich jedoch die neue französische Ostgrenze, der Rhein, wo nun erhebliche Zölle erhoben wurden, als großes Hindernis erweisen, denn man war augenblicklich von den traditionellen Absatzgebieten links des Stromes abgeschnitten.

Der „Franzosenzeit" folgte nach dem Wiener Kongreß (1815) die Eingliederung der Rheinlande in den preußischen Staat. Wenn auch hier der neue preußische Obrigkeitsstaat von der Bevölkerung wenig geliebt war, so gelang ihm doch allmählich der Ausgleich regionaler Gegensätze sowie die Herausbildung eines weitgehend homogenen Territoriums, in dem rheinische Gesinnung und Selbstbewußtsein ihren festen Platz behalten sollten. Einschneidende Veränderungen vollzogen sich während des 19. Jh. in der Umschichtung der Bevölkerungsstruktur und der Industrialisierung, wiewohl zwischen beiden ein enger Zusammenhang besteht. Auf der Basis einer seit dem Mittelalter existierenden gewerblichen Kleinwirtschaft kommt im Bergischen Land nun die industrielle Entwicklung größeren Ausmaßes in Gang. Vor allem im nördlichen Landesteil entstanden Großunternehmen, da dort die Nähe zu den Absatzmärkten des Ruhrgebietes, aber auch die fortgeschrittene verkehrstechnische Erschließung günstigere Bedingungen boten. Wuppertal wurde zum Zentrum der Textilindustrie, Solinger Schneidwaren- und Remscheider Werkzeugfirmen erlangten Weltgeltung, ebenso die Schloß- und Beschlägefabrikation in Velbert. Carl Leverkus' Ultramarinfabrik bei Wiesdorf am Rhein expandierte zu einem der größten Chemiekonzerne der Welt (Bayer AG in Leverkusen).

Parallel zum schnellen Wachstum der Industriebetriebe verlief der Zuzug der Menschen und machte die einstigen kleinen Ortschaften zu Städten, ließ während des 20. Jh. sogar Ballungszentren mit kaum noch wahrnehmbaren Stadtgrenzen entstehen, wenn man z.B. an das Städtedreieck Wuppertal - Remscheid - Solingen denkt. Die Eingemeindungswelle um die Jahrhundertwende tat zur allgemein um sich greifenden Verstädterung ein übriges. Nicht zuletzt aufgrund einer schlechteren verkehrstechnischen Erschließung und der ungünstigeren Lage blieb das Oberbergische Land von solcher Prosperität unberührt. Ebenso ist hier eine geringere Siedlungsdichte zu verzeichnen; oft noch existieren weit auseinanderliegende Weiler und Dörfer, heute zu Großgemeinden zusammengefaßt. Eine Ausnahme bildet die Kreisstadt Gummersbach.

Nach den schweren Zerstörungen des Zweiten Weltkrieges, von denen das Bergische Land hauptsächlich in der Nordhälfte betroffen war – dort wurden insbesondere die Großstädte Wuppertal, Remscheid und Solingen durch die Luftangriffe des Jahres 1943 stark in Mitleidenschaft gezogen – bereiteten die Alliierten 1946 das föderative Modell des neuen Staates Bundesrepublik Deutschland vor; es erfolgte die Einteilung in Bundesländer. Als man am 23.8.1946 die ehemalige Rheinprovinz mit Westfalen vereinigte und das neue Bundesland Nordrhein-Westfalen proklamierte, war auch das Bergische Land darin aufgegangen.

Gewisse Veränderungen brachten noch einmal die siebziger Jahre mit der Neuordnung der Verwaltungsgebiete in NRW, dies mit dem Ziel der Verringerung bestehender Landkreise und kreisfreier Städte. Durch Schaffung größerer Einheiten erreichte man allerdings nicht die angestrebte Kostensenkung im Verwaltungsaufwand. Abgesehen davon war das Verfahren der Zusammenlegung bzw. Trennung von Gemeinden für die Betroffenen mancherorts nur schwer einsehbar, zumal in den Fällen, wo es sich um durchaus eigenständige, gewachsene Strukturen gehandelt hatte, doch: Das ist heute bereits Geschichte. Die Bürger haben sich mittlerweile gut in den veränderten Verhältnissen „eingerichtet". Das Bergische Land umfaßt gegenwärtig den Kreis Mettmann, den Oberbergischen Kreis sowie den Rheinisch-Bergischen Kreis nebst den kreisfreien Städten Wuppertal, Solingen, Remscheid und Leverkusen.

Klaus Saeger

Über dieses Buch

Sicherlich gehört dieses Buch zu den Publikationen, die durch Bilder, durch Fotografien die Eigentümlichkeit eines bestimmten Kulturraumes vorstellen. Die visuelle Wahrnehmung des Betrachters soll darüber hinaus jedoch ergänzt werden durch Sachinformationen, die Wissenswertes zu den verschiedenen Bildmotiven erläutern.

Der Autor ist sich – trotz all seiner Bemühungen – darüber im klaren, daß die Faszination, die von einem Bild naturgemäß viel stärker ausgeht als vom geschriebenen Text, den direkten Zugang zum Thema eröffnet. Seine Ausführungen können jedoch diesen Zugang begleiten und – über den Primäreffekt „Faszination" hinaus – zu weiteren Hinsichten anregen.

Das „Bergische Land", im vorliegenden Buch dargestellt, erfreut sich bis zum gegenwärtigen Zeitpunkt über seine literarische Würdigung hinaus mancherlei bildlicher Dokumentation. Darunter dominiert allerdings die Darstellung lediglich gewisser Gebiete, Städte, Gemeinden. Weniger vertreten sind Gesamtdarstellungen im skizzierten Sinne. Der wesentliche Unterschied, der nun das vorliegende Buch aus der Reihe einschlägiger Literatur heraushebt, liegt in der völlig anderen Art der Perspektive, denn es geht um die Dokumentation aus der Luft. Dadurch wird die Betrachtungsweise des Lesers im wahrsten Sinne des Wortes „auf eine andere Ebene gehoben". Vielleicht führen neue Ansichten so auch zu neuen Einsichten. Vieles von dem, was hier gezeigt wird, ist erstmalig „von oben" im Bild festgehalten worden.

Luftbildaufnahmen für einen Bildband herzustellen ist einfach und schwierig zugleich; einfach, da ein relativ großes Gebiet mit Hilfe des Flugzeugs schnell zu „bearbeiten" ist, schwierig aber, weil die Wetterlage während der Arbeit absolut stimmen muß, weil die günstigste Objektansicht bei passenden Lichtverhältnissen gesucht, die Erkennbarkeit von Einzelheiten gewährleistet und ein hoher dokumentarischer Aussagewert erzielt werden müssen. Der schnelle Vorbeiflug am Objekt läßt dem Fotografen nie viel Zeit für seine Entscheidungen. Überhaupt, die Annäherung an ein Objekt. Welche Flughöhe ist zu wählen? Aus welcher Richtung kann der Anflug vorgenommen werden? Gerade die letzte Frage ist deshalb besonders zu beachten, denn ein Mittelgebirge wie das Bergische Land besitzt mitunter enge Täler bzw. Talkessel. Liegt das gesuchte Objekt mehr oder weniger auch noch in der Talsohle, dann bedarf es großen fliegerischen Könnens, um die geforderten Sicherheitsstandards einzuhalten. Gelingt ein solches, schwer erlangtes Foto dennoch, ist die Freude natürlich sehr groß.

Beachtet werden müssen zwei weitere, für die spätere Abbildung eines Fotos im Buch relevante Probleme. Gegenlicht, die Restluftfeuchtigkeit, durch die der „blaue Dunst", wie die Fotografen sagen, entsteht, sollte unter allen Umständen vermieden werden, denn ein unklares Foto wäre die Folge und somit für die Luftbildfotografie, die ja mit erheblichen Distanzen zum Objekt arbeitet, unbrauchbar. Abgesehen einmal davon, daß sich der Aussagewert eines solchen Fotos in Richtung auf eine unbeabsichtigte Veränderung der „Stimmung" bewegen würde. Nicht nur im Bergischen Land verbietet sich aus diesem Grund der Schuß mit der Luftbildkamera auf die Nordseite der Objekte, sei es nun morgens, mittags oder abends..

Auch der richtige Winkel, aus dem das Auge des Fotografen auf das „Ziel der Wünsche" späht, ist für die spätere Identifizierung des Motivs durch den Leser sehr entscheidend. Dabei kann er von einer Faustregel ausgehen: Die Wiedererkennbarkeit eines Objekts nimmt für den Laien in dem Maße zu, je flacher der Betrachtungswinkel vom Flugzeug aus gewählt wird. Die totale Vertikalperspektive scheidet also bei dieser Art der Dokumentation von vornherein aus. (Sie bleibt Kartografen vorbehalten.)

Was nun will dieses Buch zeigen? Zunächst einmal folgendes: Das Bergische Land ist ein Kulturraum, nicht auf politische Kreisgebiete zu begrenzen. Man kann deshalb m.E. auch nur geographische Grenzen angeben, wenn es um die Lage geht: die Ruhr im Norden, der Rhein im Westen, die Sieg im Süden. Nach Osten hin findet eher ein „gleitender Übergang" ins Sauerland statt. Dort haben sich die Autoren am Verlauf der Autobahn A45, der „Sauerlandlinie", als Peripherie orientiert. Politisch gesehen wird das Bergische Land aus dem Niederbergischen, dem Oberbergischen sowie dem Rheinisch-Bergischen Kreis gebildet. Aus den zuvor genannten Gründen empfahl sich jedoch bei der Darstellung einer derart großflächigen Landschaft der Blick über die Kreisgrenzen hinweg, denn wir wollten nicht auf das eine oder andere lohnende Objekt an den Rändern verzichten. So erklärt es sich, daß wir auch Aufnahmen im Rhein-Sieg-Kreis angefertigt haben. In einem Fall (Wasserschloß Crottorf) ging es sogar „auf einen Sprung" ins benachbarte Bundesland Rheinland-Pfalz.

Das Bergische Land präsentiert sich heute aus der Luft noch weitgehend als ein Landstrich voller Naturschönheiten, als eine Mittelgebirgslandschaft, in die sich unzählige Weiler und Dörfer harmonisch eingefügt haben. Aber es existieren ebenso – und dies im Norden – dichtbesiedelte Gebiete, vor allem im Bereich Wuppertal - Remscheid - Solingen - Leverkusen - Düsseldorf, wo festzustellen ist, daß aufgrund fortgeschrittener Urbanisierung ganze Regionen dabei sind, zusammenzuwachsen. Reich ist die Anzahl der Burgen, der Herrensitze und Schlösser, und wie die Abbildungen deutlich machen, befinden sich die meisten von ihnen in hervorragendem Zustand. Wo es sich anbot, haben wir an beispielhaften Objekten aus dem Bereich Industrie und Technik auf die Bedeutung als Wirtschaftsraum hinweisen wollen, und von hier aus läßt sich leicht eine Überleitung zu denjenigen Objekten finden, die ebenfalls mit zu den malerischen Motiven dieser so liebeswerten Landschaft zu rechnen sind, den Talsperren. Das „Bergische" ist ein Land der Talsperren; hier entstanden die ersten in Deutschland, eine stattliche Anzahl sollte später folgen und von hohem Nutzen für Wasserversorgung und Flußregulierung sein. Und: Haben sie dieses Land nicht auch schöner gemacht? Wirken sie nicht wie ein wenig Kosmetik an der Natur...?

Klaus Saeger

Nachdem ich seit 1970 aus der Luft fotografierte und nach vielen Stadtbildbänden auch ganze Landschaften einbezogen hatte (Ruhrgebiet, Niederrhein, Homburger Land), kam durch Herrn Ullenboom vom Gronenberg Druck & Medienservice der Auftrag, das „Bergische Land aus der Vogelperspektive" zu fotografieren.

Ich selbst wohne am Nordhang der Ruhr in Essen und habe täglich einen weiten Blick ins Bergische Land. Daraus kann ich schnell Schlüsse ziehen, ob das Wetter für Flugaufnahmen geeignet ist: Sehe ich die erste Hügelkette mit Essen-Burgaltendorf, dann ist kein Flugwetter. Zwei Kilometer Sichten – das ist einfach nichts. Die nächste Hügelkette ist Velbert-Langenberg. Die Sender müssen klar und deutlich zu sehen sein. Das sind dann ca. 6 Km-Sichten – wir Luftbildfotografen nehmen hier immer den Plural, wohl, weil es sich um eine Ansammlung von Kilometern handelt. Bei 6 km-Sichten und einigermaßen trockener Luft ist es schon ganz ordentlich zum Arbeiten. Aber für eine große landschaftliche Übersicht mit dem ZEISS Distagon oder dem ZEISS Planar lohnt es noch nicht.

Das wird erst anders, wenn man von Essen-Horst auch die dritte Hügelkette sieht und dann die Wassertürme von Wuppertal. Das nenne ich „1-1-A-A-Wetter", geeignet für weite Übersichten und extrem scharfe Luftbilder.

Wolken könnten dann aber auch noch sein. Die meteorologischen Dienste teilen diese in Achtel ein. Also sind 4/8 ein halbbedeckter Himmel. Da geht dann nur noch wenig, vielleicht eine schöne Grillparty oder ein Ausflug mit dem Fahrrad, aber bestimmt keine Luftbilder!

Nun, nachdem sich so die Tage, die geeignet sind, an Luftbildbüchern zu arbeiten, verringert haben, kommen noch weitere Imponderabilien dazu: Bekomme ich eine CESSNA 152 oder 172? – Ach so, mit so einer CESSNA fliege ich. Wir sagen nie „mein Flieger" sondern immer „Kiste" und die muß den Deckel oben haben, eventuell ein einziehbares Fahrwerk und dann noch einen Piloten.

Peter Ellwanger, mit dem ich die Schule besuchte, und Gerhard Lorbeer sind meine besten Adressen. Aber auch die beiden haben nicht immer Zeit.

Ausschließlich zwei Startflughäfen sind für mich geeignet: der Essen-Mülheimer Flughafen und der in Grefrath-Niersfeld. Dort treffen wir uns nach kurzer Vereinbarung. Ein Archivar aus Straelen ist sehr oft der Pfadfinder. Sitzt er hinter mir, komme ich schneller zu meinen Objekten: Einer dirigiert, einer fliegt, und ich hantiere zwischen 4 Kameras und 7 Objektiven hin und her.

So bleibt es bei ca. 20 Flügen im Jahr, nur 1994 waren es mal derer 40. Und da müssen ein oder mehrere Bücher geschaffen oder zumindest an diesen Titeln weitergearbeitet werden. Gerne nehme ich auch die Autoren mal mit, um mir noch einige besondere Punkte zeigen zu lassen.

Aber das bekommt auch nicht jedem. Wir fliegen scharf tangential auf das Objekt zu, um dann eine Ellipse oder Vollkurve über dem Objekt zu machen. Höhe 1500 ft over ground und 120 mph! Da kommen schon mal 3 kg auf Kamera und Magen, und beide werden dann verdammt schwer. Nicht jedermanns Sache.

Schnell ist der Wechsel zwischen dem Motivzettel, der immer im Computer nachgehalten wird, zur Fahrradwanderkarte, die dann immer mit der aktuellen Flugkarte verglichen wird.

Da finden wir dann die Einzeichnungen von Mindesthöhen oder Beschränkungsgebieten. Kontrollzonen befinden sich meist um Flughäfen. Leider um Schlösser und Burgen auch. So in Köln. Also: Tower anrufen, Problem erklären und bitten, ob man mal kurzfristig, unter Einhaltung aller Sicherheitsabstände, nah an den Flughafen darf und schnell ein paar Schüsse von der Burg oder dem Ort machen darf.

Fast immer treffe ich freundliche Controller an: „Genehmigt ZULU VICTOR, schalten Sie den Transponder auf 6-2-2-0, und melden Sie sich nach Einflug über ECHO über dem Zielgebiet!"

Ab da muß ich hochkorrekt arbeiten. Ein zweites Mal komme ich hier nicht mehr hin. Stimmt die Blende? Ist die Zeit o.k.? Harmoniert die Brennweite mit dem Flugabstand...? Der Transponder funkt dabei ständig Signale zum Radarmonitor des Towers. Jeder Flugfehler von uns würde entdeckt. Aber es gab tatsächlich noch nie Ärger, und das ist auch der Grund, warum ich mit bestimmten Piloten am liebsten fliege. Die können jede meiner Zuckungen im Sturm des offenen Fensters in eine geeignete Flugbewegung umsetzen.

Danach: langer Geradeausflug, Sprudelwasser ohne Zucker, Banane, Tomaten. Mehr nicht und nachdenken: Was kommt nun? Aber der röhrende, luftgekühlte Lycoming-Continental-Motor mit seiner Saunahitze vor mir läßt mich schnell wieder fotografieren.

18 Flüge waren es nun für dieses Buch, mehr als für andere Luftbildbücher, und riesigen Spaß hat es uns dreien da oben gemacht, die Landschaft noch sehr viel genauer kennenzulernen.

Fotografiert habe ich mit HASSELBLAD 203FE, 205 TCC und SWC-M,
mit ROLLEI INTEGRAL 6008 und SLX,
mit CARL-ZEISS und SCHNEIDER OPTIKEN von 38 bis 350 mm, mit AGFACHROME RSX 100–220 Filmmaterial,
Höhe 1000 bis 6000 ft für die Fotos

im November 1998 Corneel Voigt

ESSEN
13-18 u. 28
MÜLHEIM
44
HATTINGEN
19-25
Ruhr
NIEDER-
SPROCKHÖVEL
26-27
VELBERT
28-43
Rhein
WÜLFRATH
44-51
u. 54-55
WUPPERTAL
88-114
SCHWELM
52-53
METTMANN
56-57
DÜSSELDORF
57-73
ERKRATH
74-75
RADEVORMWALD
122-124
REMSCHEID
114-121
SOLINGEN
78-87
HÜCKESWAGEN
125-127
LANGENFELD
76
WERMELS-
KIRCHEN
134-137
WIPPERFÜRTH
128-130
LEICHLINGEN
76-77 u. 87
LEVERKUSEN
141-144
ALTENBERG 138-139
ODENTHAL 140
BERGISCH
GLADBACH
145-146 u. 149
LINDLAR
150, 163-164
BENSBERG
147-148 u. 150
KÖLN
OVERATH
151-152
LOHMAR
206
NEUNKIRCHEN
200
SIEGBURG
207-208
MERTEN/SIEG
200-201
HENNEF
202-206
3
2
59
45
1
4
560

Flugroute über das Bergische Land

Bei den Ortsangaben finden Sie die Seitenzahlen, auf denen die entsprechenden Luftbilder dieser Region im Buch zu finden sind.

Essen-Werden

Weit in die Zeit vor der Jahrtausendwende reichen die Wurzeln der Entwicklungsgeschichte Essen-Werdens. Die am Südufer der Ruhr gelegene Ortschaft von kulturhistorisch einmaliger Bedeutung geht auf die 799 durch den hl. Liudger vorgenommene Abteigründung zurück. Er, der erste Abt dieser nach der Ordensregel der Benediktiner geführten Abtei, war damit einem Wunsch Karls der Gr. nachgekommen, hier an der fränkisch-sächsischen Grenze einen „Stützpunkt" zur Missionierung der damals noch heidnischen Sachsen anzulegen. Das Werdener Kloster wurde nicht nur Liudgers bevorzugter Aufenthaltsort, an dem er auch seine letzte Ruhestätte fand, hier entwickelte sich eine der wichtigsten Schreibschulen des Abendlandes, wo Jahrhunderte hindurch die herrlichsten Codices von Schreibermönchen angefertigt und zu einer unschätzbar wertvollen Bibliothek gefügt worden sind. Während des 10. und 11. Jh. war die Reichsabtei Werden „Familienkloster" des sächsischen Kaiserhauses.

Die Propsteikirche (Bildmitte vorn) befindet sich an der Stelle der heute nicht mehr vorhandenen karolingischen Vorgängerbauten. Lediglich Teile ihres ottonischen Westwerks (943) sind in den 1256-75 geschaffenen Neubau, eine spätromanische Basilika, einbezogen worden. An der Südseite der Kirche lagern sich Abteigebäude an, die jedoch erst aus dem 18. Jh. datieren und von den Äbten Benedikt von Geismar, Anselm von Sonius und Bernhard II. Bierbaum errichtet wurden. Es mag grotesk anmuten, doch nach der Säkularisation 1803 machte man aus der Reichsabtei eine königlich-preußische Strafanstalt, die von 1811–1928 bestand. 1946 hielt erneut die Kultur mit der Gründung der Folkwang-Hochschule hier ihren Einzug. Weitere Gebäude wie Aula, Mensa und Tanzhaus (unten rechts) kamen seit 1968 hinzu.

Nach Norden zum Baldeneysee hin, dessen Stauwehr sich deutlich zu erkennen gibt, verlaufen fast parallel Heck- und Propsteistraße; zwischen ihnen die in Backstein ausgeführte Ev. Kirche (19. Jh.) sowie im weiteren Verlauf St. Lucius, die älteste Pfarrkirche nördlich der Alpen (gegr. 995). Die modernen Großbauten am rechten Bildrand sind das St. Josef-Krankenhaus bzw. die Ev. Kankenanstalten.

Schloss Hugenpoet bei Essen-Kettwig

Sehr weit zurück reicht die Geschichte von Schloß Hugenpoet. 778 wird es als Königshof Karls des Großen erstmalig erwähnt. Von den Vorgängerbauten, die etwa 200 m entfernt lagen, ist heute nichts mehr zu sehen. Die jetzige Anlage gab der pfalz-neuburgische Geheime Rat Johann Wilhelm von Nesselrode-Hugenpoet 1647 in Auftrag, und es sollten bis zu ihrer Fertigstellung 1696 fast fünfzig Jahre vergehen.

Erst sein Nachfolger Constantin Erasmus Freiherr von Nesselrode-Hugenpoet konnte sich des gelungenen Bauwerkes samt seiner aufwendigen und wertvollen Innenausstattung erfreuen.

Zwei Wirtschaftshöfe, ursprünglich umgeben von Wassergräben, muß man passieren, um das Herrenhaus zu erreichen. Dieses weist niederländische Stileinflüsse auf. Zwei Ecktürme an der rückwärtigen Gartenseite flankieren das Hauptgebäude mit dem gestuften, sehr plastisch ausgeformten Giebel, helle Steinbänder gliedern in horizontalem Verlauf das Mauerwerk – Merkmale, von denen wir vergleichbare Beispiele in der benachbarten niederrheinischen Region besitzen.

An der bereits erwähnten prächtigen Innenausstattung sind besonders hervorzuheben: das festliche Treppenhaus aus schwarzem Marmor sowie die fünf Renaissance-Kamine (1560–1578), die wohl schönsten Stücke dieser Art im Rheinland, entworfen von Heinrich Vernukken, dem Erbauer der Vorhalle des alten Kölner Rathauses, und Joist de la Court. Sie sind geziert durch üppigen Figurenschmuck über Geschehnisse des Alten Testaments.

Seit 1831 befindet sich Schloß Hugenpoet im Besitz der Freiherren von Fürstenberg. In dieser herrlichen Anlage etablierte sich 1954 ein renommierter Hotelbetrieb, dessen Restaurant einem Gourmet in guter Erinnerung bleibt.

Schloss Oefte bei Essen-Kettwig

Auf der linken Ruhrseite unweit von Kettwig versteckt sich hinter hohen alten Bäumen Schloß Oefte. Die ehemalige Wasserburg (sämtliche Gräben heute zugeschüttet) darf als karolingische Gründung angesehen werden, denn sie geht auf den Hof Uviti, der am 29.5.820 als Geschenk an das Kloster Werden kam, zurück. Kaiser Heinrich IV. bestätigte 1098 die Vogteifreiheit des Hofes. Ein Geschlecht derer von Oefte ist ab dem Jahr 1347 bekannt, macht jedoch, obschon man Oefte durch die Geistlichkeit in Werden als Lehen erhalten hatte, bald auf unangenehme Weise von sich reden: Die Herren von Oefte neigen zum Raubrittertum, so daß sich Erzbischof Friedrich III. von Köln veranlaßt sieht, sie durch eine jährliche Rente von ihrem schändlichen Treiben abzubringen.

1483 ging Schloß Oefte durch Teilung sowohl an die Herren von Eller als auch an die von Ulenbroech, konnte 1570 aufgrund einer Eheschließung aber erneut vereint werden. Umbauarbeiten haben der Burganlage später mehr und mehr den Festungscharakter genommen. Was sich gegenwärtig dem Be-

Schloss Landsberg bei Essen-Kettwig

trachter zeigt, muß als Ergebnis der Veränderungen von 1842 und 1888, als man die gesamte Anlage wieder mehr auf ihren romanischen Zustand zurückführte, angesehen werden. 1940 kauften Schloß Oefte die heute zum VEBA-Konzern gehörenden Hydrierwerke Scholven in Gelsenkirchen-Buer. Das Herrenhaus befindet sich in einem parkartig gestalteten Gelände und bietet dem hier untergebrachten Golfclub das schönste Ambiente.

Inmitten dichter Waldungen liegt auf einer Bergnase südwestlich von Kettwig auf der linken Ruhrseite Schloß Landsberg, 1276 von Graf Adolf V. von Berg erbaut und zur Sicherung des Kettwiger Ruhrüberganges angelegt. Burgen dieser Art und Funktion waren im Mittelalter von Dienstmannen, sog. Ministerialen, bewohnt, so daß Ausstattung wie Architektur sich vorwiegend am Gesichtspunkt der Verteidigung, weniger dagegen an ästhetischen Belangen zu orientieren hatten. Der mächtige Bergfried als einziger erhaltener Rest aus der Erbauungszeit besitzt einen quadratischen Grundriß von 11 m Seitenlänge.

Die stattliche Höhe von 33 m läßt ihn zu einem wuchtigen Baublock werden. Alle restlichen Gebäude unterlagen bereits 1655 erstmalig einem durchgreifenden Umbau, denn Schloß Landsberg hatte vor und nach dem Dreißigjährigen Krieg wiederholten Angriffen feindlicher Heere standhalten müssen, wodurch es zu erheblichen Beschädigungen gekommen war: 1598 stürmten spanische Söldner gegen die Burg, 1633 schwedische und 1635 hessische.

Eine neue Ära in der wechselvollen Geschichte des Schlosses begann im Jahr 1903, als es der Großindustrielle August Thyssen (1842–1926) erwarb und zu seinem ständigen Wohnsitz machte. Thyssen, erster deutscher Konzernchef, ließ die Räumlichkeiten abermals umbauen und überdies mit Wandbildern sowie aufwendigen neumanieristischen Dekorationen ausgestalten. Er lebte hier bis zu seinem Tode am 4.4.1926 und wurde im Bergfried bestattet.

Nach dem Zweiten Weltkrieg unterhielt die Stadt Mülheim auf Schloß Landsberg ein Kinderheim, zeitweise diente der Herrensitz dem Ev. Stadtkirchenverband Essen als Tagungsstätte. Umfangreiche Restaurierungsarbeiten haben unter Aufsicht des Landesamtes für Denkmalschutz das Schloß in einen stilgerechten Zustand zurückgeführt, und so dient Landsberg heute der Thyssen AG als Seminar- und Tagungsstätte.

Baldeneysee mit Villa Hügel

Der einst künstlich angelegte Baldeneysee macht aus dem Ruhrtal bei Essen eine besonders malerische Landschaft, in der sich schon bei den ersten Sonnenstrahlen des Frühjahrs viele Besucher einstellen, um hier verschiedensten Freizeitaktivitäten nachzugehen. Die Möglichkeiten reichen vom Segeln, Schwimmen, Wandern, Radfahren bis zum Tennis- und Golfspielen. Gedacht war der Stausee (Fassungsvermögen ca. 9 Mill. cbm) als Naherholungsgebiet für die hart arbeitende Bevölkerung der benachbarten Industrieregion; in zweiter Linie dient er der Ruhrregulierung.

In einsamer Lage oberhalb des Sees ließ 1870/71 der Essener Industrielle Alfred Krupp Villa Hügel errichten, ein herrschaftlich anmutendes Gebäude von spätklassizistischem Zuschnitt, das der Familie nur partiell zu Wohnzwecken gedient hat, hauptsächlich aber „großer Gesellschaft mit ersten Ansprüchen" bereitstehen sollte. Bevor die Bauplanung ihren Anfang nehmen konnte, hatte Krupp seine Architekten H. Schwarz und J. Rasch zu Studienzwecken nach Italien und England geschickt. Bei der Gestaltung des Landschaftsparks beteiligte sich Krupp selbst an den Entwürfen. Ungezählte Persönlichkeiten aus Politik und Wirtschaft waren hier zu Gast. Villa Hügel dient heute als Ausstellungs- und Tagungsort.

Haus Scheppen am Baldeneysee

Daß man mit einer Segelyacht an einer Schloßruine anlegen kann, dürfte sicherlich eine Kuriosität sein. Am Essener Baldeneysee jedenfalls ist es möglich. Als man den künstlich geschaffenen See, der das Ruhrtal zwischen Kupferdreh und Werden mit einer ausgedehnten Wasserfläche füllt, im Jahre 1933 aufstaute, umspülten die Wellen auch Haus Scheppen. Hatte doch der alte Burggraben schon seit Jahrhunderten ausgedient, so erhielt er nun eine neue, völlig unmilitärische Funktion: Er wurde zum Yachthafen. Auch wer nicht vom Wasser her hier ankommt, kann in der Ritterburg des 13. Jh. auf angenehme Weise verweilen, denn ein Restaurationsbetrieb mit reizvollem Blick auf den See lädt dazu ein. Noch heute zeigt Haus Scheppen, daß seine rechtwinklig angeordneten Gebäudetrakte ab dem 17. Jh. Bestandteile eines Gutshofes gewesen sind. Bevor man den großen Innenhof erreicht, muß man die Brückenzufahrt auf der Frontseite überqueren und gewahrt dabei gleichzeitig die Reste zweier Befestigungstürme. Unglücklicherweise wurde die Anlage 1944 Opfer eines Bombenangriffs, der erhebliche Schäden hinterließ.

Burg Altendorf bei Essen

Wenig ist von der einst mit einem Wassergraben umgebenen Burganlage des 12. Jh. erhalten geblieben, gleichwohl wirkt der verbliebene Gebäuderest eindrucksvoll, und dabei handelt es sich sogar noch um das einzige Beispiel eines mittelalterlichen Wohnturmes zwischen Rhein und Weser, der in seinen wesentlichen Bestandteilen in unsere Tage hinübergerettet werden konnte. Der viergeschossige, 18 m hohe Turm, Teil der Hauptburg und heute wieder begehbar gemacht, war von einer Ringmauer umgeben, die ihn gegen den schützenden Wassergraben abgrenzte. Er stand somit auf einer kleinen Insel. 1960 und 1967 durchgeführte Ausgrabungen brachten darüber weitere Erkenntnisse und sicherten die Konstruktion.

1750 wurde Burg Altendorf als Wohnplatz endgültig aufgegeben. Die lange Reihe der Adelsgeschlechter, welche hier ansässig gewesen waren, reicht bis ins hohe Mittelalter zurück. Ab 1252 hören wir erstmalig von den Herren von Altendorf, Lehensmänner der mächtigen Grafen von der Mark. Wie manche andere Burgruine des Ruhrtals rückte Burg Altendorf nach der Restaurierung schnell ins Blickfeld öffentlichen Interesses und wurde zum beliebten Ausflugsziel, auf das sich die Gastronomie, in unmittelbarer Nachbarschaft gelegen, nach Kräften eingestellt hat.

Hattingen, Blick auf die Altstadt

Um die Ev. St. Georgs-Kirche, von deren Existenz erstmals 1019 berichtet wird, hat sich der alte Dorfkern Hattingens ausgedehnt. Gemäß der Siedlungsweise war daraus ein sog. Rundling entstanden, den die erst viel später angelegte Stadtbefestigung von 1586–1590 durch Mauern und Türme, wie im Vordergrund noch zu beobachten, umgab. Eine fast geschlossen vorhandene, historische Bebauung zeichnet das Bild der Altstadt aus. Dies ist auf jahrelange, konsequent durchgeführte Restaurierungsarbeiten an etlichen Fachwerkhäusern des 16.–18. Jh. zurückzuführen, so daß Hattingen heute der Region als ein Musterbeispiel denkmalpflegerischer Zielsetzungen gelten kann.

Im Mittelalter noch Handelsplatz für Tuche und Klingen, trat Hattingen während des 16. Jh. in eine Zeit der wirtschaftlichen Blüte ein, was wohl nicht zuletzt auch auf den Beitritt zur Hanse zurückzuführen sein mag (sehenswert das historisches Rathaus von 1576). Mit Ende des 18. Jh. hingegen war das Wirtschaftsleben bis auf geringe Reste des Tuchmachergewerbes wieder erloschen. Im Kern stammt die St. Georgs-Kirche aus dem 13. Jh., wurde jedoch zu Anfang des 19. Jh. stark verändert. Unweit davon ragt der Glockenturm der alten ref. Kirche mit seiner welschen Haube (1737) aus einem Stadtteil hervor, der sich Krämerdorf nennt – ein Hinweis auf den früheren Sitz des Kleinhandels. Während des Zweiten Weltkrieges ging der Gemeinderaum verloren.

Henrichshütte bei Hattingen

Eine mehr als 130jährige Industriegeschichte ging 1987 mit Stillegung der Hochöfen auf der Henrichshütte ihrem Ende entgegen. Tausende wurden von diesem vehement einsetzenden Zusammenbruch in die Arbeitslosigkeit getrieben; für die Stadt Hattingen ein immenser Schicksalsschlag. Wo sich heute auf der Industriebrache in der Ruhrschleife die Natur bereits ihren Lebensraum zurückerobert, hatte 1854 der Graf von Stolberg die Gründung einer traditionsreichen Eisenhütte veranlaßt und so der Region zur wirtschaftlichen Entwicklung verholfen.

Henrichshütte, Hochofen 3

Inzwischen baut man den Hochofen 3 zum Industriemuseum aus.

Hattingen-Niederwenigern, Gewerbliche Dampfkornbranntweinbrennerei „Vogelsang"

Auf der Hombergsegge in Hattingen-Niederwenigern liegen die alten Gebäude der Dampfkornbranntweinbrennerei Vogelsang. Aus dem alten Kotten Temminghoff, dessen Ursprünge bis ins frühe Mittelalter reichten, entstand hier auf der Ruhrhalbinsel die Kornbrennerei. 1832 begann Jan Vogelsang mit dem gewerblichen Betrieb, der sich schnell wegen der guten Qualität der Spirituosen vergrößern mußte.

Gebrannt wurde vom 1. Oktober bis zum 31. April. Das Getreide lieferten umliegende Höfe; ein tonnlägiger Schacht unter dem Hauptgebäude führte in abbauwürdige Anthrazitkohlenflöze, womit wieder die Kessel gefeuert werden konnten. Eine eigene Quelle im Tal besorgte die pro Tag nötigen 100 cbm Wasser. Die anfallende Schlempe von 10 000 l p.T. wurde den Kühen der Getreide liefernden Bauern verfüttert, so daß der ökologische Kreislauf einzigartig geschlossen war. Es fielen pro Tag 1500 l Sprit an. Dieser wurde teilweise weiterveredelt, z.B. mit schwarzen Johannisbeeren, die am Südhang des Hauses wuchsen und „Vogelsang's Aufgesetzten" ergaben.

Einmal wurde der Betrieb Opfer der Flammen. 1970 fand aus Rentabilitätsgründen die Stillegung statt. Heute sind in den denkmalgeschützten Gebäuden Eigentumswohnungen entstanden. Links auf dem Bild sieht man das alte Kesselhaus von 1905, rechts das Wohngebäude und im Vordergrund die Veredelung und Abfüllung.

Burg Isenburg bei Hattingen

Lediglich Ruinen sind von der einst ausgedehnten Isenburg, die hoch über dem Ruhrtal westlich der Stadt Hattingen thront, geblieben. Graf Arnold Altena ließ sie in den Jahren 1194–1197 mit Unterstützung seines Bruders, dem Erzbischof Adolf von Köln, an einer Stelle errichten, von der man glaubt, sie habe ihren Namen aufgrund vorhandener Eisenerzlager (Isenberg) erhalten. Von hier aus beabsichtigten die Grafen von Isenburg ihre Vogteirechte über die Essener Kirchengüter wahrzunehmen, aber dazu sollte es nur für eine kurze Zeitspanne kommen, denn das Schicksal dieser Burganlage wurde schon bald durch einen politisch motivierten Mord, der die ganze damalige Welt in Aufruhr versetzte, bestimmt. Als Graf Friedrich von Isenburg sich in seiner Stellung durch Anhänger des Kölner Erzbischofs Engelbert stark beeinträchtigt sah – hinzu kamen Neid und Haß auf den mächtigen, politisch erfolgreich operierenden Reichsverweser Kaiser Friedrich II. –, ermordete er den Kirchenfürsten kurzerhand (7.11.1225 bei Gevelsberg). Wenig später aber faßten ihn die Häscher, und der Mörder wurde 1226 in Köln hingerichtet, seine stolze Burg an der Ruhr machte Engelberts Nachfolger Heinrich von Molenark im selben Jahr dem Erdboden gleich; fortan benutzte man sie als Steinbruch (siehe Burg Blankenstein).

Mit der Ausdehnung von 240 m Länge erstreckt sich Burg Isenburg auf einer Bergnase. Wirtschaftsgebäude befanden sich im vorderen Teil der Anlage (oben), Palas, Bergfried und Kapelle im hinteren. Seit 1970 hat man in den Ruinen wiederholt Ausgrabungen durchgeführt und konnte dabei zahlreiche Fundstücke des täglichen Gebrauchs sicherstellen. Zu sehen sind sie im Hattinger Heimatmuseum „Bügeleisenhaus“. Gern wird die Ruine von Jugendgruppen und Ausflüglern als romantischer Picknickplatz benutzt.

Burg Blankenstein bei Hattingen

Auf einem Felsplateau 80 m über der Ruhr („uff dem blanken steyne“) ließ Graf Adolf I. von Altena und von der Mark 1226 eine größere Burganlage zur Sicherung neu erworbener Gebiete errichten. Daß die Baumaterialien dazu von der im selben Jahr geschleiften Isenburg (bei Hattingen) kamen, mag ein Licht auf ökonomisches Denken werfen, mit dem mittelalterliche Baumeister vorzugehen hatten, war doch jede Errichtung eines Gebäudes aus Stein ein teures Unterfangen. Im Schutz der Burg entstand schon bald eine mit Privilegien ausgestattete Siedlung. Sie genoß den Status einer „Freiheit“, konnte sich aber doch nicht auf dem räumlich stark eingeengten Berghang unterhalb der Burg in gewünschter Weise entfalten und verlor schließlich an Bedeutung. Der Große Kurfürst ließ die Burg 1662 bis auf Turm und Marstall abtragen, war sie doch schon während des 15. und 16. Jh. aufgegeben und dem Verfall überlassen worden. Zeitweise hatte hier später sogar eine Färberei gearbeitet. Restaurierungen machten die Anlage unterdessen wieder ansehnlicher.

Besonders in den Sommermonaten besuchen heute viele Ausflügler der umliegenden Städte Burg Blankenstein. Der 30 m hohe Turm verspricht eine herrliche Aussicht auf das Ruhrtal, und auch das Restaurant im Innenhof vermittelt demjenigen, der eine zeitlang Burgenromantik genießen möchte, die richtige Atmosphäre. Auf eine ältere Kapelle geht die kleine Ev. Kirche (am Aufgang zur Burg, 1767 erbaut) zurück. An der Stelle des ehemaligen Rathauses steht seit 1792 die Kath. Pfarrkirche St. Johannes der Täufer.

Burg Blankenstein, Burgruine

Die Strahlen der untergehenden Abendsonne tauchen die romantische Burgruine noch einmal in das warme Licht eines zuende gehenden Sommertages.

NIEDERSPROCKHÖVEL, ZECHE „ALTE HAASE“

Die Werksanlagen erinnern eigentlich kaum noch daran, daß hier einmal Bergbau betrieben worden ist; weit liegen die Zeiten, als hier der Förderbetrieb noch Wirtschaftlichkeit versprach, zurück. Glücklicherweise konnte man jedoch die Gebäude in ihrem Zustand in unsere Zeit hinüberretten, denn aus denkmalpflegerischer Sicht wurde die Zeche „Alte Haase“, Schacht I/II als ein erhaltenswertes Industriedenkmal eingestuft, was den Fortbestand der Gebäude, wenn auch heute mit veränderter Nutzung, möglich gemacht hat. Vieles restaurierte man, nur weniges wurde angebaut. Herausragendes Objekt der Architektur ist der Malakoff-Turm im Mittelbereich der älteren Werkshallen (links), erbaut im Jahr 1897.

Gegenwärtig nutzt die Fa. Auro-Flex, Siebenbom GmbH & Co die Räumlichkeiten zur Herstellung ihrer Produkte.

NIEDERSPROCKHÖVEL, ZENTRUM

Der nordöstliche Zeil des Bergischen Landes, das Gebiet des Ennepe-Ruhr-Kreises, weist zahlreiche kleinere Ortschaften und verstreut liegende Landgemeinden auf.

Niedersprockhövel mit seiner Ev. Kirche von 1785 ist in der Großgemeinde Sprockhövel der Hauptort.

Essen-Heidhausen, Golfanlage

Die Golfanlage liegt eingebettet in die sanft zum Baldeney-See hin abfallenden Höhenrücken des Niederbergischen Landes.

Velbert

Ein Blick auf das im äußersten Norden des Kreises Mettmann gelegene Velbert, dessen Name als Stadt der Schloß- und Beschlägeindustrie Weltruf erlangt hat, läßt heute so gut wie nicht mehr erkennen, daß seine Gründungsgeschichte bereits im Jahr 875 einsetzte. Bis auf die Ev. Kirche (1765–69) mußten nahezu alle historischen Gebäude einer seit der zweiten Hälfte des 19. Jh. einsetzenden Entwicklung weichen, durch die Velbert zu einem modernen Industriestandort geworden ist.

Neben Stuttgart kann Velbert für sich beanspruchen, Deutschlands Schwerpunkt der Gießereiindustrie zu sein, und aus den kleinen Handwerksbetrieben, die hier seit dem ausgehenden Mittelalter Kleineisenschmiedewaren herstellten (erste Erwähnung 1545), wuchs eine Großzahl von Industriebetrieben heran. Allein 20% des Weltbedarfs an Schlüsseln, Schlössern und Beschlägen wird in dieser Stadt produziert. Da kann es kaum überraschen, daß hier Europas größte Schloßfabrik beheimatet ist.

Der ursprünglich um die Ev. Kirche vorhanden gewesene Ring aus Fachwerkhäusern – das alte Stadtzentrum – mußte leider in den vergangenen Jahrzehnten Zug um Zug einer Neubebauung weichen. Zwischen Wohnhäuser schoben sich immer wieder Betriebe; die Menschen lebten hier stets auf Sichtweite zu den Fabriken. Das war einst selbstverständlich, heute betrachtet man dies kritischer. Seit der Jahrhundertwende hat eine Bauphase eingesetzt, die in den 80er Jahren mit modernen Verwaltungsgebäuden einen ersten Höhepunkt erreichte: vorn links das Amtsgericht, dahinter die Finanzbehörde. Velberts schlichter Rathausbau (Mitte links) stammt aus dem Jahr 1930.

Velbert

Auch Velbert besitzt inzwischen seinen Fernsehturm. Er erhielt den originellen Namen „Telebert", um die Beziehung zum Standort Velbert auszudrücken. Der 115 m hohe Sendeturm wird von der Telekom betrieben und ist Teil der Fernmeldeeinrichtungen an der Rheinlandstraße. Im Bildvordergrund erkennt man die Werksanlagen der Firma WILKA-Schließtechnik, eines 1865 gegründeten und noch heute im Familienbesitz befindlichen Unternehmens. Mehr als nur ein normaler Wohnblock ist dagegen Velberts erstes Hochhaus; an allen vier Seiten seines Daches mit dem gut sichtbaren, weltbekannten Firmenlogo BKS versehen. Als es 1958 errichtet wurde, versuchten die Architekten hier eine Kombination aus Wohnungs- und Ingenieurbau. Über dem Erdgeschoß befinden sich zehn Etagen mit insgesamt 77 Wohnungen. Auf das folgende Sicherheitsgeschoß setzte man einen Wasserbehälter von 18 m Durchmesser, der umgeben ist von den Räumen einer Altentagesstätte und darüber liegender Aussichtsterrasse.

Velbert

Diagonal durch das Bild zieht sich die Oststraße. Sie trennt die dicht bebaute Innenstadt von einem mehr grün gebliebenen Viertel ab, wo zwischen Bäumen die Ev. Christuskirche, 1908–10 nach den Plänen von Franz Brantzky und Karl Krieger erbaut, liegt, ein Gebäude aus Bruchstein in den Formen des späten Jugendstils.

Ebenfalls an der Oststraße gelegen gibt sich weiter oben das Dach des Kongreßzentrums „Forum Niederberg" zu erkennen; 1982 seiner Bestimmung übergeben, beherbergt die Stadthalle u.a. das Deutsche Schloß- und Beschlägemuseum. Velberts „Hauptschlagader" ist die Friedrichstraße. Sie führt durch die gesamte City und ist heute zum großen Teil als Fußgängerzone angelegt.

Auf dem Foto erscheint sie am oberen linken Rand, läuft geradewegs auf das Hauptgebäude der Sparkasse zu, um dann in einer Biegung wieder nach links auszuweichen; vor der Sparkasse der Park „Am Denkmal".

Velbert, Industriegebiet

Wie andere Städte des Bergischen Landes ist auch Velbert seit einigen Jahrzehnten zu einer modernen Industriestadt herangewachsen; die Aufnahme gibt einen eindrucksvollen Überblick über das Industriegebiet Röbbeck im Nordosten Velberts. Sozusagen „auf der grünen Wiese“ etablierten sich Dutzende kleinerer und größerer Betriebe, von denen früher viele innerhalb des Stadtgebietes ansässig waren.

Autobahndreieck Velbert-Nord

Auf den ersten Blick ein echtes Problem, dieses Knäuel parallel geführter und miteinander verschlungener Strecken zu ordnen – andererseits eine verkehrstechnisch elegante Lösung der Verknüpfung zweier Autobahnen. Die von links ins Bild kommende B224n wird in weiten, höhenversetzten Biegungen mit der A 44 verbunden. Der Knotenpunkt ist 1989 fertiggestellt worden; rechts der Ortsteil Langenhorst.

Talbrücke bei Velbert-Tönisheide

Die autobahnartig ausgebaute B 224n, die die Industriestadt Velbert mit dem Großraum Wuppertal verbindet, überquert bei Tönisheide mit einer 530 m langen Brücke das Grundbachtal.

Velbert, Werksanlagen der BKS

Bis zur Jahrhundertwende reicht die Geschichte des weltberühmten Velberter Unternehmens BKS zurück. Es begann mit einer Niederlassung der „Rheinischen Türschließfabrik Boge & Kasten, Solingen", deren Name schließlich das noch heute gültige Firmenlogo BKS gab. Ab 1903 kam dieser Betrieb für längere Zeit in den Besitz der amerikanischen Firma Yale & Towne; heute gehört er zur Unternehmensgruppe Gretsch-Unitas und beschäftigt ca. 800 Mitarbeiter. BKS ist der weltweit größte Produzent von Schlössern, Schließanlagen und Beschlägen.

Rapsfelder bei Velbert-Neviges

Gern nutzen die Landwirte im Niederbergischen die kalkhaltigen Böden zur Aussaat von Raps, und im Sommer blühen dann die Fluren in leuchtendem Gelb. Aus dem Samen der Pflanze läßt sich Rüböl pressen; die Rückstände verfüttert man an das Milchvieh.

Düsselquelle bei Velbert-Neviges

Winterliche Einsamkeit liegt über der Landschaft mit ihren verstreuten Bauernhöfen rechts und links der Asbrucher Straße. Hier, etwas 1,5 km südwestlich von Velbert-Neviges entspringt in einem niederschlagreichen Quellgebiet in 200 m Meereshöhe die Düssel. Eine Urkunde Kaiser Heinrich IV. von 1065 nennt sie noch „Tussala". Ihre Quelle befindet sich auf dem Oberen Strasserhof (vorn rechts im Bild). Bis zur Mündung in den Rhein bei Düsseldorf legt das Flüßchen 45 km zurück.

Eigenerbach-Klärteich

Zwischen Wülfrath und Velbert erstreckt sich ein künstlich angelegter See von beträchtlicher Ausdehnung, im Volksmund auch „Schlammteich" genannt. Er entstand 1941, als die Rheinischen Kalksteinwerke in Wülfrath-Rohdenhaus Maßnahmen ergriffen, ein Auflandungsgebiet unweit ihrer Produktionsstätten einzurichten, das die beim Waschen des Kalksteins in großen Mengen anfallenden Sedimente aufnehmen sollte. Seinen Namen erhielt der Klärteich vom Eigenerbach, denn dieser speist ihn mit Frischwasser. Riesige Mengen an Klärschlamm (ca. 24,5 Mill. cbm Sediment) sind hier mittlerweile ausgebracht worden, so daß die sichtbare Wasserfläche während der vergangenen Jahre erheblich geschrumpft ist.

Ein kleiner Teil des Klärteiches (Bild) wird von einem Deich abgetrennt; hier fließt auch der Eigenerbach zu, was die Wasserqualität steigert. Harmonisch legt sich das Gewässer an den nördlichen Stadtrand Velberts.

Am rechten Bildrand das Industriegebiet Neustraße und ein wenig darüber kann man die Talbrücke der B 224n bei Tönisheide entdecken.

Schloss Hardenberg bei Neviges

In einer Talenge, die der Hardenberger Bach, von Neviges kommend, in vielen Windungen durchläuft, liegt Schloß Hardenberg. Nach dem Verlassen ihrer nahegelegenen Höhenburg siedelten die Grafen von Hardenberg sich hier an und errichteten im 13. Jh. zunächst das Herrenhaus, einen zweiflügeligen Winkelbau, der durch ein aufwendiges System von Wällen und Gräben gesichert war.

Dieser für damalige Verhältnisse in Bau und Unterhaltung außerordentlich aufwendige Verteidigungsring, bestehend aus zwei umlaufenden Wassergräben, zwischen denen ein Wall mit unterirdischem Wehrgang (heute wieder begehbar) verlief, dazu Batterietürme an seinen vier Ecken, konnte nur von den finanzstärksten Adelsherren errichtet werden. Absicherungen solcher Dimension waren in der Lage, der vorangeschrittenen militärischen Angriffstechnik standzuhalten.

1354 wechselte die Burg über in den Besitz der Grafen von Berg. 1515 residierte hier die Familie von Bernsau, bis Hardenberg 1697 durch Heirat an die Freiherren von Wendt fiel.

Mit Oswald von Wendt starb die männliche Linie derer von Wendt aus. Seine Gattin Leonie heiratete daraufhin den niederländischen Grafen Marchant-Ansembourg, der Hardenberg 1939 an die damalige Stadt Neviges verkaufte.

1682–1696 wurde das Herrenhaus zu seiner heutigen Form erweitert und ging daraus als Schloßanlage barocken Zuschnitts hervor. Inzwischen sind die Wassergräben zugeschüttet, dennoch erfolgt der einzige Zugang über eine Brücke.

Das sich heute im Besitz der Stadt Velbert befindende Schloß beherbergt die stadtgeschichtliche Sammlung, Räume für Kunstausstellungen sowie einen schönen Rittersaal, in dem Tagungen und auch regelmäßig Kammerkonzerte stattfinden.

Velbert-Neviges

Anfang des 13. Jh. entstand aus einem Fronhof an der Navigisa – so nannte man damals den Hardenberger Bach – die Siedlung und spätere Stadt Neviges. Was an dieser Luftaufnahme deutlich wird, ist die Tatsache, daß der alte Nevigeser Ortskern von Kirchengebäuden der unterschiedlichsten Art und Stilrichtung dominiert wird. Wie so oft im Zentrum bergischer Kleinstädte umschließen die alten Fachwerkhäuschen ringförmig eine alte Kirche; hier ist es die Ev. Kirche (1740–46). Man spricht daher von einem sog. Kirchenbering.

Der Reformation 1589 folgte in Neviges bald eine starke gegenreformatorische Strömung. Sichtbares Zeichen dieser Tendenz ist die 1670 errichtete Kath. Pfarrkirche (rechts im Bild) mit den 1676 angefügten Klostergebäuden, einer Stiftung der Freifrau Anna von Bernsau und ihrer Tochter Isabella Margareta von Schaesberg, in die nun Franziskanermönche ihren Einzug hielten. Die darauf einsetzende Verehrung eines wundertätigen Marienbildnisses fand durch den Besuch des Paderborner Erzbischofs Ferdinand von Fürstenberg (1681), der selbst als Pilger gekommen war, verstärkte Beachtung; Neviges wurde neben Kevelaer zum bedeutendsten Wallfahrtsort des Rheinlandes.

Unmittelbar neben den barockzeitlichen Gebäuden entstand 1965–1968 die neue, von Prof. Gottfried Böhm entworfene Wallfahrtskirche „Maria, Königin des Friedens“, eine der bedeutendsten Architekturen kirchlicher Kunst im 20. Jh., deren eigenwillige Proportionen dem Ortsbild einen besonderen Akzent beifügen. Seitdem hat das „Gnadenbild“ hier eine neue Heimstatt gefunden. Ungebrochen hoch ist die Zahl der eintreffenden Pilger, die jährlich mit ca. 200 000 angegeben wird.

Golflanlage bei Velbert-Neviges

In der Gemarkung Fingscheid an der Siebeneicker Straße liegt einer der schönsten Golfplätze des Velberter Umlandes. Weiter hinten erstreckt sich der Stadtteil Neviges.

VELBERT-NEVIGES, STÄDT. HALLEN- UND FREIBAD

Wieviel Begeisterte mögen es wohl sein, die sich an diesem schönen Sommertag im Wasser tummeln?

VELBERT-LANGENBERG

Erste Erwähnung findet Langenberg um 1220 in einer Vogteirolle des Grafen Friedr. von Isenburg-Altena, gelangte dann 1354 durch seine Zugehörigkeit zur Herrschaft Hardenberg in den Besitz der Grafen von Berg, deren Hoheitsgebiet hier durch den Deilbach eine natürliche Grenze besaß. In karolingischer Zeit markierte der Deilbach die Grenze zwischen sächsischem und fränkischem Stammesgebiet, später zwischen der Grafschaft Mark und dem Herzogtum Jülich-Berg. Die daraus resultierenden mundartlichen Unterschiede konnten sich bis auf den heutigen Tag erhalten.

Das Privileg des Leinengroßhandels von 1652 verhalf Langenberg schnell zu wirtschaftlicher Blüte. Die auf Initiative des Peter Lukas Colsman (geb. 1733) entstandene Textilindustrie betrieb vorwiegend Seidenverarbeitung. Mehrere Villen des frühen 19. Jh. halten noch heute die Erinnerung an wohlhabend gewordene Familien wach, wobei ihre Rolle als engagierte Förderer des örtlichen Kulturlebens nicht übergangen werden sollte: A. Colsman stiftete das Kapital zur Errichtung des „Bürgerhauses", einer Konzerthalle im historisierenden Stil (Bildmitte).

In deren Umgebung befinden sich zahlreiche, im bergischen Stil gehaltene Wohnhäuser – fast immer mehrgeschossig – mit Schieferbeschlag sowie den typischen weiß gestrichenen Fensterrahmen.

Weiter links reckt sich die alte ev. Kirche aus dem Stadtkern empor, 1725/26 von Michael Moser erbaut. Nach rechts geht der Blick ins bewaldete „Nizzatal"; zwischen den Bäumen die neue ev. Kirche (1880) des Berliner Architekten und Dombaumeisters Julius Raschdorff (1823–1914), errichtet im romanisch-gotischen Mischstil. 1975 wurde Langenberg nach Velbert eingemeindet.

Sendemasten bei Velbert-Langenberg

Sucht man in Langenberg nach einem Wahrzeichen, so wird man es zweifellos in den Sendemasten auf dem Hordtberg entdecken. Genau 70 Jahre liegt der Zeitpunkt zurück, als mit dem beginnenden Rundfunkzeitalter wegen der günstigen topografischen Lage hier die erste Sendestation eingerichtet wurde. Was 1926 noch mit einem Holzmast anfing, setzte sich in der Nachkriegszeit mit verbesserten Konstruktionen fort, die nun ermöglichten, beides, Rundfunk- und Fernsehprogramme, auszustrahlen. Heute betreibt der WDR-Köln die Langenberger Sendeanlagen.

Die allerneueste Generation von Sendemasten verkörpert auf unserem Bild der rechte (Höhe 301 m, Leistung 100 kW). Über ihn laufen sämtliche UKW-, MW-, BFBS- und auch Fernsehprogramme. Der andere Mast erreicht dagegen 164 m Höhe. Er dient der Versorgung mit MW-Programmen.

Der Mittelwellen-Sendemast ist umgestürzt…

Diese Nachricht verblüffte am 1. 9.1996 viele Bewohner der Region, für die die zwei schlanken Masten auf dem Hordtberg ein vertrautes Bild gewesen waren. Was selbst stärkste Stürme nicht fertiggebracht haben, passierte nun während der Ausbesserungsarbeiten an den Halteseilen.

Ruhrtalbrücke bei Mülheim-Mintard

Von Essen kommend überquert die A 52 bei Mintard auf einer 1830 m langen, elegant geschwungenen Talbrücke (erbaut 1963–1965) das Ruhrtal in Richtung Breitscheider Kreuz. Dabei beträgt ihre Höhe 65 m. Wegen des stark wechselnden Geländeniveaus waren hier insgesamt 18 Pfeiler in Stahlbetonbauweise erforderlich.

Wülfrath

Aus der Vogelschau betrachtet wollen die Straßenzüge mit ihren Häuserzeilen keiner rechten Ordnung folgen, dies aber macht vielleicht den besonderen Reiz des niederbergischen Landstädtchens aus. Überhaupt scheint sich vieles vom mittelalterlichen Netz der Straßen und Gäßchen erhalten zu haben, obschon eine moderne Bebauung mit mehrstöckigen Häusern in jüngster Zeit hinzugekommen ist; bemerkenswert jedoch, wie einfühlsam man die Gestaltung seitens der Architekten vornahm.

Die schöne Geschlossenheit des Stadtbildes wird letztlich auch dadurch erzielt, daß einheitlich die Satteldachbauweise vorherrscht. Wülfrath, um 1100 erstmalig als „Wolverothe" (= Rodung des Siedlers Wolf) genannt, geht als Siedlungsort aus einem Fronhof hervor. Nicht mehr nachzuweisen ist, ob die Ev. Kirche (12.–15. Jh.) auf die Gründung des hl. Suitbert (gest. 713 in Kaiserswerth) zurückgeht. Sehr malerisch wirkt die ringförmige, giebelständige Bebauung des Kirchplatzes, die fast ausnahmslos aus dem Jahr 1678 stammt. Das moderne, polygonale Gebäude im Angerbach-Park (rechts oben) ist ein von der Bergischen Diakonie geführtes Altenheim (August-von-der-Twer-Haus).

Wülfrath-Rohdenhaus, Produktionsanlagen der Rheinischen Kalksteinwerke GmbH

Die Rheinischen Kalksteinwerke Wülfrath begannen im April 1904 mit dem Abbau von Kalkstein im Gebiet Rohdenhaus und produzieren seit nunmehr über 90 Jahren in Kombination mit den Wülfrather Zement- und Dolomitwerken Kalk-, Zement- und Feuerfest-Keramikerzeugnisse. Die Ansicht der Werksanlagen, in denen insgesamt ca. 1400 Mitarbeiter tätig sind, gibt im Vordergrund sehr gut den Blick frei auf die Drehrohröfen. In ihnen erhitzt man den Kalkstein auf 1000 Grad Celsius und erhält so den sog. Branntkalk, man benutzt sie ebenfalls bei der Herstellung von Zement. Ähnliches vollzieht sich in den Schachtöfen (rechts oben neben der Schotterhalde).

Das Rohmaterial wird aus den nahegelegenen Steinbrüchen nach Zerkleinerung über 25 km Bandstraßen (computergesteuert) zur Weiterverarbeitung herangeführt.

Durch Anbindung an die Angertalbahn ist ein schneller Abtransport großer Liefermengen gewährleistet. Von hier aus werden jährlich vier Millionen Tonnen Kalksteinprodukte zu den Kunden an Rhein und Ruhr, zumeist Stahlwerke, gebracht; das bedeutet, pro Tag verlassen zwischen 250–320 Waggons das Werk.

Verschiebebahnhof der Rheinischen Kalksteinwerke GmbH

1905 erhielten die Produktionsanlagen einen eigenen Bahnanschluß an die Angertalbahn. Schon bald entwickelte sich dieser zu einem großen Verschiebebahnhof, auf dem heute pro Tag etwa fünf Züge zu je 50 Waggons abgefertigt werden. Das Gleisnetz der Werksbahn umfaßt gegenwärtig 20 km Länge, 70 Weichen, 12 Signale. Die Steuerung des Bahnbetriebs erfolgt über ein modernes Drucktastenstellwerk.

Die rund 17 km lange Strecke von Wülfrath durch das Angertal nach Ratingen-Tiefenbroich bekam wegen ihrer einschlägigen Nutzung den Beinamen „Kalkbahn“.

Steinbruch bei Wülfrath

Vor rund 400 Millionen Jahren (Devon) bildeten sich Gesteinsschichten, die zu großen Teilen den Untergrund des Niederbergischen Landes ausmachen.

Ein tropisches Meer bot die günstigsten Lebensbedingungen für Myriaden von Korallentieren, deren Ablagerungen über Jahrmillionen ein Riff haben entstehen lassen, dessen Ausdehnung vom Neandertal bis weit über Lethmathe bei Iserlohn hinaus reichte. Man spricht hier von „gewachsenem" Kalk, der den Vorteil eines extrem hohen Reinheitsgehalts von 95–98 % besitzt.

Die Luftaufnahme, obwohl nur eine Detailansicht, zeigt, in welchen enormen Ausmaßen die Landschaft für den Tagebaubetrieb „geöffnet" wird. Der einheitlich graue Farbton verrät den hohen Reinheitsgrad des Kalksteins. Solche Steinbrüche haben bis zur untersten Sohle leicht eine Tiefe von 100 m. Aus den verbliebenen Sohlebänken wurden Straßen (oft in Serpentinenform geführt), auf denen schwere LKW das Rohmaterial zu den Förderanlagen schaffen. Links im Bild eine Steinmühle mit angeschlossener Lagerstätte des zerkleinerten Materials.

STEINBRUCH UND KLÄRTEICH

Die Abbildung zeigt, wie die Rheinischen Kalksteinwerke einen aufgelassenen Steinbruch weiterverwenden, indem sie ihn nämlich einer neuen Nutzung zuführen. Im rechten Steinbruch wird noch der reguläre Abbaubetrieb durchgeführt, während der linke bereits zum Klärteich geworden ist. Die bräunliche Farbe des sonst blau-grünen Teiches verrät die Einleitung von mit Sediment versetztem Wasser, was aus Spülanlagen stammt. Irgendwann wird der Klärschlamm den Teich ausgefüllt haben.

Wülfrath-Düssel

1182 taucht die kleine Ortschaft als „Dussele" unter den Besitzungen des Kölner Stifts St. Gereon auf. Vom 14.–16. Jh. lassen sich die Herren von Düssel als ansässiges Rittergeschlecht nachweisen. Ihr Sitz war die Wasserburg Haus Düssel, am Ortsrand gelegen, die aber nicht mehr erhalten ist. An ihrer Stelle errichtete man im 17.–18. Jh. ein zweigeschossiges Wohnhaus mit anschließenden Wirtschaftsgebäuden, die sich um einen Innenhof gruppieren. Heute dient das Wohnhaus als Hotel-Restaurant. In unmittelbarer Nähe von Haus Düssel befindet sich eine der ältesten romanischen Pfeilerbasiliken des Niederbergischen Landes, die Kath. Pfarrkirche St. Maximin (Anfang des 12. Jh., Erweiterungen im 19. Jh.). Zu ihrer Ausstattung zählt eine wertvolle Holzplastik des Kirchenpatrons aus dem 15. Jh.

Wülfrath-Schlupkothen

Die kleine Siedlung Schlupkothen – heute zu Wülfrath gehörig – entstand, nachdem man in der Umgebung auf umfangreiche Kalksteinlager gestoßen war. Für sein Hüttenwerk in Wülfrath ließ der Industrielle August Thyssen hier seit 1899 das Rohmaterial abbauen. Entlang der Landstraße (B 224) zieht sich die einheitliche Bebauung einer Arbeitersiedlung aus der Zeit kurz nach der Jahrhundertwende hin; am Feldrand das weithin sichtbare Kirchlein St. Barbara. Am oberen Bildrand ist die B 224n zu erkennen.

Schwelm, Zentrum

Die Kreisstadt des Ennepe-Ruhr-Kreises (31 000 Einw.) wird erstmalig in einer Werdener Schenkungsurkunde des 9. Jh. erwähnt („Suelmiu"). Auch von einer Kirche ist schon 1085 die Rede, an der sich bald ein bedeutender Markt entwickeln sollte. Schwelm unterhielt im Mittelalter Handelsbeziehungen bis in den Ostseeraum, eine Tatsache, die sich vor allem daraus erklärt, daß die Stadt eine blühende Textilindustrie in ihren Mauern beherbergte. Ein Kuriosum ist die zweimalige Verleihung der Stadtrechte: 1496 (zurückgezogen 1501) und 1590. Den Marktplatz beherrscht die Ev. Christuskirche, 1842–49 im Stil des Neoklassizismus errichtet. Sie brannte im Zweiten Weltkrieg völlig aus, konnte aber schon 1952 aufgebaut werden; dahinter der moderne Flachbau des „Kaufhofs", der sich unter den Wohnbauten des 19. Jh., z. T. noch im Bergischen Stil gehalten, etwas störend ausnimmt. Vom Marktplatz aus nach Norden zieht sich die Bahnhofstraße hin.

Haus Martfeld in Schwelm

Schon im 15. Jh. war Haus Martfeld eine durch Wassergräben gesicherte Burganlage. Sie bestand aus vier Gebäudetrakten, die einen Hof umschlossen. Durch Abbruch eines Flügels gegen Ende des 18. Jh. ergab sich die Öffnung zum Vorplatz. Bemerkenswert ist das zweigeschossige Torhaus mit Zwiebelhaube an der Nordseite. Haus Martfeld liegt in einem hübschen Park und ist heute Heimatmuseum der Stadt Schwelm. Ein schön stukkatierter Saal wird u. a. für Kammerkonzerte genutzt.

Niederbergisches Land bei Wuppertal-Dornap

Seit dem Mittelalter ist der Niederbergische Raum ein landwirtschaftlich genutztes, wenn auch klimatisch nicht sehr begünstigtes Gebiet. Wesentliche Erträge bei der Felderbewirtschaftung sind im Anbau von Mais- und Rapspflanzen zu erzielen, Grundstoffe für Tierfutter und Ölprodukte. Seltener findet sich der Getreideanbau. Dank des extensiven Rapsanbaues erscheinen im Frühsommer zur Blütezeit weite Landstriche in strahlendem Gelb.

Eine Jahrhunderte alte Tradition hat die Verarbeitung von Kalkstein ($CaCO_3$), der hier oft in hohem Reinheitsgrad vorkommt. Wo immer schon Kalk gebrochen und auf Bauernhöfen zu Dünger verarbeitet worden ist, sollte gegen Ende des 19. Jh. die industrielle Nutzung großen Stils anlaufen und gleichzeitig der Landschaft einen charakteristischen Stempel aufdrücken. Wie schon im Gebiet um Wülfrath sind auch die bis zu 100 m tiefen Kalksteinbrüche mit den benachbarten Verarbeitungsanlagen bei Dornap und Hahnenfurth typisch für die Region.

Links im Bild jenseits der Bahnlinie befinden sich die 1887 gegründeten Rheinisch-Westfälischen Kalkwerke AG, Dornap, ein Gigant innerhalb seines Produktbereiches; davor die Kalkwerke Oetelshofen (gegr. 1900), ein kleineres Privatunternehmen, dessen Steinbruch (rechts am Bildrand) sehr gut die terrassenförmigen Abbauschichten zu erkennen gibt. Im Vordergrund rechts liegt das Dorf Schöller, links davon, an der B 7, Gut Heresbach. Dort wurde am 2. 8. 1496 Konrad von Heresbach, Humanist, Professor und Erzieher des Erbprinzen Wilhelm von Cleve, geboren, seinerzeit eine Persönlichkeit von europäischer Geltung, zu deren engsten Freunden der berühmte Erasmus von Rotterdam gehörte.

Mettmann

Von Äckern umgeben, die sich weit über die Höhen des Niederbergischen Landes ausdehnen, stellt das über 1000jährige Mettmann heute als Kreisstadt ein wichtiges Verwaltungszentrum dar. Das großflächige Kreisgebiet beginnt im Norden an der Essener Stadtgrenze und reicht im Süden bis nach Leverkusen. Mettmanns Geschichte beginnt bereits in spätkarolingischer Zeit, denn im 9. Jh. ist an dieser Stelle ein Königshof "Medamana" urkundlich belegt. Die mächtige Pfarrkirche St. Lambertus (2. Hälfte 12. Jh.), deren Langhaus 1881 neu erbaut wurde, erhebt sich inmitten des kreisrunden, von schönen Bürgerhäusern umstandenen Marktplatzes. 1363 befindet sich hier ein bergisches Amt. Herzog Adolf II. von Jülich-Berg erhebt die Stadt zur „Freiheit" und verleiht ihr damit Marktrecht, Recht auf eigene Ratswahl sowie Ausübung der niederen Gerichtsbarkeit. Unter französischer Herrschaft (1806–13) steigt Mettmann zum Verwaltungsort auf. 1953 entsteht der Landkreis Düsseldorf-Mettmann, aus dem 1975 schließlich der Kreis Mettmann hervorgeht.

Wasserburg Haus Angermund

Am Ortsrand von Düsseldorf-Angermund liegt die prächtige Burganlage, deren Ursprünge bis ins frühe 12. Jh. zurückreichen, auch bekannt unter der Namen „Kellnerei", da hier über 450 Jahre die Kellermeister des zwischen 1350 und 1360 geschaffenen Amtes Angermund ansässig waren. Sie gilt als Deutschlands älteste Ringburg. Erzbischof Engelbert II. von Köln, Graf von Berg und Reichsverweser Kaiser Friedrich II., erbaute das dreigeschossige Bruchsteingebäude in der sumpfigen Niederung des Angerbachs, es hat ihm und seinen Nachfolgern jedoch nur zu gelegentlichen Aufenthalten gedient. Hier begannen 1479 langwierige Verhandlungen, deren Ziel die Vereinigung der Herzogtümer Jülich-Berg und der Grafschaft Ravensberg mit dem Herzogtum Kleve, als auch der Grafschaft Mark mit der Herrschaft Ravenstein war. 1511 konnte endlich die politische Neuordnung vollzogen werden.

Die im Grundriß ovale Anlage – vorbildlich restauriert – wurde innen dahingehend verändert, exklusive Privatwohnungen entstehen zu lassen.

Schloss Heltorf bei Angermund

Der Hof „Helethorpe" in den Angerniederungen nördlich Düsseldorfs wird erstmalig in einem Abgabenverzeichnis des Klosters Kaiserswerth aus dem 11. Jh. genannt. Vom 12. bis zum 14. Jh. sind die Grafen von Heltorf im Besitz der Wasserburg, später die Geschlechter von Grafschaft, von Lohausen und von Scheidt genannt Weschpfennig. Seit 1626, als der kurfürstlich-brandenburgische Kapitän Friedrich Christian von Spee die Erbtochter Maria von Scheidt heiratet, kommt die Anlage in den Besitz der Familie von Spee und verbleibt darin bis zum heutigen Tag. Während des 18. Jh. werden die von Spee in den Reichsgrafenstand versetzt und bekleiden am Düsseldorfer Hof hohe politische Ämter.

Die Umwandlung der ehemaligen Wasserburg zum Schloß vollzog sich zunächst im Barock. Davon zeugen die eingeschossigen, mit Torhaus nebst Ecktürmen versehenen Wirtschaftsgebäude der Vorburg (1696), welche sich unmittelbar aus dem Wassergraben erheben. 1822–27 baute Heinrich Theodor Freyse das klassizistische Herrenhaus, in dessen Gartensaal Künstler der sogenannten Düsseldorfer Malerschule 1825–41 einen sehenswerten Bilderzyklus mit Szenen aus dem Leben Barbarossas anbrachten. Der schöne Landschaftspark, von M. Weyhe geschaffen, rundet die Schloßanlage an der Westseite ab (siehe auch Schloß Kalkum). Schloß Heltorf ist von ausgedehnten Obstbaumkulturen umgeben.

Schloss Kalkum

Im Düsseldorfer Norden liegt Schloß Kalkum mit seinem prächtigen, ausgedehnten Landschaftsgarten, den der Düsseldorfer Gartenbaudirektor Maximilian Friedrich Weyhe 1825 entworfen hat. Erste Erwähnung findet Kalkum in einer Reimchronik des 9. Jh. („Calichem“), in der ein Kleriker namens Eberhard von Gandersheim noch von einem Königshof spricht. Als das Kalkumer Rittergeschlecht im 13. Jh. ohne Nachkommen bleibt, geht die Anlage an die Herren von Winkelhausen über, später an die Linie derer von Hatzfeld-Wildenburg-Weisweiler.

Wiederholte bauliche Veränderungen (1810–12; 1819–20) unter dem Baumeister Peter Josef Leydel machten aus der ursprünglichen Anlage mit Vorburg eine rechtwinklig geschlossene Einheit im klassizistischen Stil. Deutlich treten die Hauptgebäude gegenüber den niedrigeren Wirtschaftstrakten hervor. Immer noch umrahmt ein Wassergraben das Herrenhaus. Seit 1946 gehört Schloß Kalkum dem Land NRW. Gegenwärtig wird es als Staatsarchiv genutzt.

Düsseldorf-Kaiserswerth

Jenseits des Rheines liegt Kaiserswerth in der ausgedehnten Flußlandschaft, von den ersten Schneefällen mit einem weißen Winterkleid zugedeckt. Der Ort ist alt. Um das Jahr 700 landete hier am Rheinufer der Mönch Suitbertus, ein Edelmann aus dem englischen Nottingham, und gründete auf einer kleinen Rheininsel, dem Werth, ein Benediktinerkloster, das später für die Missionierung des Bergischen Landes zum „Brückenkopf" werden sollte. Es heißt, der hl. Suitbertus habe von hier aus versucht, ins Landesinnere vorzudringen, um das Christentum zu predigen. Längst ist der Klosterbezirk dem „Festland" einverleibt, die alten Gebäude wurden jedoch im 19. Jh. abgerissen. Kernstück war und ist die noch erhaltene ehemalige Stiftskirche, eine romanische Basilika aus der Zeit um 1200, in deren Innern sich der berühmte Suitbertusschrein (um 1300) befindet. Nur einen Steinwurf entfernt ragen – ebenso unmittelbar am Rheinufer gelegen – die 13 m hohen Außenmauern des Palasgebäudes der ehemaligen Kaiserpfalz empor. Durch ihre Wuchtigkeit beeindrucken die Reste der Anlage auch heute noch. Nachdem die Rheinzollstätte von Thiel bei Nymwegen nach Kaiserswerth verlegt worden war, erbaute Friedrich I. „Barbarossa" die Kaiserburg 1174–84 auf den Resten alter Vorgängerbauten neu. Dies brachte der Siedlung den Status einer freien Reichsstadt. Nach der Sprengung im Spanischen Erbfolgekrieg 1702 wurde die Pfalz nicht wieder aufgebaut. 1836 gründete Pastor Theodor Fliedner in Kaiserswerth die Diakonissenanstalt, deren Einrichtungen heute noch wesentlich das Stadtbild bestimmen. Die im Krimkrieg als „Engel der Barmherzigkeit" berühmt gewordene Krankenschwester Florence Nightingale (1820–1910) hat hier unter Fliedner gearbeitet. Kaiserswerth wurde 1929 nach Düsseldorf eingemeindet.

Düsseldorf-Kaiserswerth

Ein Blick auf die Altstadt offenbart, wie dicht sich die Bebauung dem Rheinufer nähert. Rechts unten – in den Grünanlagen – ist die Frontmauer der ehemaligen Kaiserpfalz zu erkennen, stadteinwärts dann die romanische Basilika St. Suitbertus. Einen deutlichen Einschnitt legt die von Osten zum Rheinufer strebende Straßenführung, genannt der „Kaiserswerther Markt" mit einer Reihe stadtgeschichtlich bedeutsamer Gebäude, wie z. B. das „Alte Rathaus", die „Alte Apotheke", das „Alte Zollhaus" oder das Stammhaus des Diakoniewerkes als Ausgangspunkt der Diakonissenanstalt.

Rhein-Ruhr-Flughafen bei Düsseldorf-Lohausen

Unter den deutschen Großflughäfen belegt dieser Airport, gemessen am Passagieraufkommen von mehr als 10 Mill. pro Jahr, heute nach Frankfurt den zweiten Rang. Immer noch scheint das Wachstum ungebrochen zu sein. Eine der wesentlichen Ursachen, auf die diese Entwicklung zurückzuführen ist, liegt in der Tatsache, daß sich neben dem Linienverkehr der Charterflugdienst ganz massiv etabliert hat. Bevölkerungsreiche Regionen wie z. B. das Ruhrgebiet liegen in der Nähe. Von dort stammt die Majorität der Charterfluggäste. Seit Jahren schon reicht die vorhandene Start- und Landebahn nicht mehr aus, eine zweite, bereits fertiggestellte, kann jedoch wegen der Einsprüche aus umliegenden Gemeinden nicht in Betrieb genommen werden. 20 Fluggesellschaften sorgen heute für regelmäßige Verbindungen zu 52 Städten in 24 Ländern der Welt.

Düsseldorf, Rheinufer mit Altstadt

Die Landeshauptstadt Nordrhein-Westfalens – am äußersten nordwestlichen Rand des Bergischen Landes gelegen – zählt heute ca. 570 000 Einwohner; sie dehnt sich auf einem Gebiet von 217 qkm aus, im wesentlichen auf der rechten Rheinseite. Nur 12,7 qkm befinden sich davon linksrheinisch. Auf einer Länge von 42,1 km durchzieht der Rheinstrom in weiten Schleifen die Metropole. Düsseldorf, die ehemalige Hauptstadt der Grafschaft und des späteren Herzogtums Berg, erst während des 19. Jh. zur regelrechten Großstadt avanciert, ist heutzutage politisches Zentrum des bevölkerungsreichsten Bundeslandes Deutschlands, gleichwohl ein bedeutender Verwaltungssitz vieler nationaler und internationaler Unternehmen.

Zu den Eigenschaften dieser Wirtschaftsmetropole gehört jedoch ebenso, sich „modebewußt“ zu geben, und dies im wahrsten Sinne des Wortes, finden hier doch immerhin sechs Modemessen pro Jahr statt. Den Ruf Düsseldorfs als Kunststadt begründete eigentlich schon Kurfürst Johann Wilhelm („Jan Wellem“) als ein allem Künstlerischen aufgeschlossener Regent und Initiator der ersten öffentlichen Kunstsammlung, aus der später der Grundstock der Münchner Alten Pinakothek gebildet wurde. Aber darüber hinaus wäre auch die sogenannte Düsseldorfer Malerschule während des 19. Jh. zu nennen, der u. a. Wilhelm von Schadow (1788–1862) angehörte, langjähriger Direktor der Kunstakademie. Naturgemäß runden zahllose Museen, Opern- und Schauspielstätten das künstlerische Weltformat dieser Stadt ab.

Die Abbildung zeigt das Rheinufer im Bereich Altstadt/Karlstadt; vorn links St. Lambertus und Schloßturm, hinten die Rheinkniebrücke (1969) und der Fernmeldeturm.

Düsseldorf, Altstadt

Der Blick auf die Altstadt läßt heute nicht mehr erahnen, daß hier einmal der älteste Siedlungskern des Fischerdorfes am Rhein gelegen hat, gegründet wohl schon im 8./9. Jh. Vorn an der Rheinpromenade stehen die beiden bekanntesten historischen Wahrzeichen des Düsseldorfer Stadtpanoramas, der Schloßturm als Teil des 1872 abgebrannten Residenzschlosses, das die Bergischen Herzöge schon bald nach der Stadterhebung 1288 hatten errichten lassen, und die gotische Hallenkirche St. Lambertus (Ende 13. Jh.) mit dem 72 m hohen Turm. Hinter diesen Bauwerken erst reckt sich das eher unregelmäßig angeordnete Areal der Altstadtbebauung. Wohn-, Büro- und Verwaltungsgebäude wechseln einander ab. Erst die größeren Baukomplexe der Heinrich-Heine-Allee und der „Kö" bilden eine deutlich erkennbare Grenze (links oben). Heute ist die Altstadt dank der Untertunnelung der Rheinuferstraße näher an den Strom herangerückt und zumindest in diesem Abschnitt wesentlich vom Verkehr entlastet worden.

Eigentlich sind es nur die Kirchen mit ihren aufragenden Türmen, von denen historische Akzente in baulicher Hinsicht ausgehen. Die doppeltürmige Pfarrkirche St. Andreas (links, gelber Anstrich), ein Barockbau, den Herzog Wolfgang Wilhelm von Neuburg 1622–37 für den Jesuitenorden nebst Kloster errichten ließ, wurde später zur letzten Ruhestätte des populärsten bergischen Regenten, der in Düsseldorf hofgehalten hat: Johann Wilhelm (1658–1716), „Jan Wellem" genannt. Rechts davon die Ev. Neanderkirche (1683–87), benannt nach dem Liederdichter Joachim Neander (1650–80), der von 1675–79 in Düsseldorf als Lehrer arbeitete.

Düsseldorf, Kunstmuseum

In den Jahren 1925/26 entstand am Rheinufer für die Gewerbeausstellung „Gesundheitspflege, soziale Fürsorge und Leibesübungen“ („Gesolei“) ein Gebäudeensemble, entworfen von dem Architekten W. Kreis, das unter dem Namen „Ehrenhof“ bekanntgeworden ist. Mit dem Ehrenhof findet auch der Hofgarten zum Rhein hin seine Begrenzung. Den nördlichen Bauabschnitt des Ehrenhofes bildet das heutige Kunstmuseum mit dem gegenüberliegenden Kunstpalast, eine Anlage von schloßartiger Wirkung, die durch den Brunnen im Innenhof bereichert wird. Wirkungsvoll erscheinen besonders die Fassaden zur Rheinseite hin mit lebhafter Musterung der Verklinkerung. Als größtes Museum des Rheinlandes bietet sich dem Besucher hier eine weitgefächerte Objektsammlung in den Bereichen Malerei, Plastik, Druckgrafik und Kunsthandwerk.

Düsseldorf, Tonhalle

Mit der Tonhalle, dem ehemaligen Planetarium, findet der „Ehrenhof“ nach Süden hin seine gestalterische Vollendung. Er stößt hier an die Auffahrtrampe der Oberkasseler Rheinbrücke. Gut erkennbar ist die Tunneleinfahrt der nunmehr unterirdisch verlaufenden Rheinuferstraße.

Die Tonhalle, ein grandioser Rundbau auf quadratischem Grundriß, dessen Kuppel ein Rund von 50 m Durchmesser überwölbt, ging als beispielhafte Rekonstruktion einer expressionistischen Schöpfung aus den umfangreichen Umbauarbeiten der Jahre 1975–78 hervor. (Architekten: Hentrich, Petschnigg & Partner). Sie dient heute der Stadt Düsseldorf als Konzerthalle, zudem beherbergt sie einen Teil der berühmten Glassammlung des Kunstmuseums.

Düsseldorf, Zentrum

Diagonal durchs Bild zieht sich das Band der Berliner Allee, eine der mehrspurigen Hauptverkehrsadern der Landeshauptstadt, gleichzeitig Bindeglied zwischen Jan-Wellem- und Ernst-Reuter-Platz. Flankiert wird sie von verschiedenen bedeutenden Bauten wechselnder Stilepochen. Unübersehbar ragt wie ein Monument kühn das Drei-Scheiben-Hochhaus aus der Gegend des Hofgartens empor und stellt dabei das Neue Schauspielhaus buchstäblich in den Schatten – zumindest sorgte der Sonnenstand zur Zeit der Aufnahme für den Eindruck. Kaum größer hätte ein Kontrast zwischen Bürohaus und Musentempel ausfallen können, als es hier erreicht wurde: Strahlt der Glas-Stahl-Gigant Sachlichkeit aus, wirken die „weichen Rundungen" des Theaters verspielt und gefühlshaft. Beide Bauten polarisieren das urbane Umfeld auf spannungsreiche Art und Weise. Das Schauspielhaus hat man wegen seiner eigenwilligen Formung wiederholt mit einem überdimensionalen Konzertflügel verglichen. Als der Entwurf von Bernhard Pfau 1968–70 ausgeführt worden war, stand es mit der Akzeptanz in der Öffentlichkeit nicht zum besten. Wie an vieles andere gewöhnte man sich in Düsseldorf aber bald auch an dieses moderne Bauwerk.

Einer anderen Epoche entstammt der rote Ziegelbau der Ev. Johanneskirche (Mitte). Sie wurde nach Plänen der Berliner Architekten A. Kyllmann und A. Heyden 1875–81 errichtet, wobei ihr 85 m hoher Turm besonders auf Fernwirkung von der Königsallee her berechnet war.

Am linken Bildrand ist die Königsallee („Kö") zu erkennen, Düsseldorfs Prachtstaße mit ihren Geschäften der Luxus-Klasse.

Düsseldorf, Altstadt

Aus der „grünen Insel" des Hofgartens hinter der Altstadt reckt sich das Thyssen-Hochhaus empor, eine Stahl-Glas-Konstruktion (1957–60) der Architekten Hentrich, Petschnigg & Partner, wegen seiner drei versetzten Baukörper auch als „Drei-Scheiben-Haus" bezeichnet. Davor befindet sich die Deutsche Oper am Rhein; zwei Häuserblocks weiter rechts der Kaufhof-Bau an der hier beginnenden Königsallee (grünes Dach).

Dieses von dem Wiener Jugendstil-Architekten Joseph Maria Olbrich entworfene Gebäude (1907–09) sollte Vorbild für zahlreiche Beispiele der Kaufhaus-Architektur in Deutschland werden.

Links gegenüber der St. Andreas-Kirche (gelber Anstrich) erstrecken sich die Gebäudetrakte des Amts- und Landgerichts; von dort kommend läuft die Mühlenstraße auf den neu gestalteten Burgplatz am Rhein zu.

Düsseldorf, Landtag

Zwischen Rheinturm und Auffahrt zur Rheinkniebrücke befinden sich die neuen Landtagsgebäude (1988) der Architekten Eller, Moser und Walter. Die recht eigenwillige Konstruktion nimmt sich von oben gesehen wie ein Agglomerat unvollständiger Kreise aus, verlaufen doch sämtliche horizontalen Linien rund. Asymmetrie scheint hier die Leitidee gewesen zu sein. Balkonartig schiebt sich das Rund des Plenarsaals bis zum Rheinufer vor; links oben im Bild die Staatskanzlei (1910/11) und das Palais des Ministerpräsidenten (Horion-Haus).

Düsseldorf, Bilker Rheinpark

Das Gelände am Bilker Rheinpark südlich der Altstadt im „Rheinknie“ zeigt heute, nach Jahren der landschaftsplanerischen Umgestaltung, ein völlig neues Gesicht und bereichert das Stadtpanorama um eine Reihe eindrucksvoller Neubauten. Der Rheinturm, ein 234 m hoher Fernmeldeturm, bietet seinen Besuchern in 172 m Höhe ein Exklusiv-Restaurant, das sich innerhalb einer Stunde um die eigene Achse dreht. Erbaut wurde er 1982 nach Plänen von H. Deilmann. Weiter rechts, am Ufer des neuen Yachthafens, residiert das Landesstudio des WDR in einem u-förmig gestreckten Glasbau. Auf Glas als Baustoff der Moderne griffen ebenso die Architekten der Verwaltungsgebäude der Landesbausparkasse und des RWI zurück, kreuzförmig gestellte Hochhausblöcke, in deren Fassaden sich die Bebauung der Umgebung spiegelt (Mitte rechts).

ROSENMONTAG

Die „Fünfte Jahreszeit" hat ihren Höhepunkt erreicht – der Straßenkarneval ist in vollem Gange. Am Hofgarten vorbei bewegt sich der Rosenmontagszug über die Kaiserstraße in Richtung Innenstadt.

Schloss Benrath bei Düsseldorf

Im Düsseldorfer Süden ließ Kurfürst Carl Theodor von der Pfalz nach Plänen von Nicolas de Pigage, der ihm auch die Schlösser in Mannheim und Schwetzingen schuf, die Sommerresidenz Schloß Benrath errichten. Man hält dieses für das schönste Jagdschloß des Rheinlandes. Die Arbeiten begannen im Jahr 1756 und sollten sich bis zur Fertigstellung der Anlage über einen Zeitraum von fast 25 Jahren hinziehen. Stilistisch betrachtet zeigt der Bau Merkmale der Übergangsepoche zwischen Rokoko und Klassizismus. Der Parkanlage mit ihren Teichen, dem Baumbestand, Treppen und Standbildern kam in der Gesamtplanung ein kaum geringer anzusetzender Stellenwert zu als den Gebäuden.

An den Schloßweiher stoßen auf der Südseite zwei dreiflügelige Kavaliershäuser, beide weisen auf den Hauptbau (1757–60) in ihrer Mitte, vor den eine ausladende Freitreppe gelegt ist. Deutlich erkennbar, daß sich der Hauptbau in einer Nord-Süd-Achse befindet.Den Park gestaltete man während des 19. Jh. nach der Mode der Zeit zu einem Englischen Garten um. Am oberen Bildrand links liegt die sogenannten Orangerie, der Rest eines von den Bergischen Herzögen erbauten Schlosses, das auf das 17. Jh. zurückgeht, heute von Stadtbücherei und Volkshochschule genutzt.

DÜSSELDORF-HIMMELGEIST

Schon 904 wird Himmelgeist urkundlich erwähnt, das mit seinen Häusern fast das Rheinufer berührt. Hier, in einer Rheinschleife südlich der Landeshauptstadt, wo Auwiesen mit Felderwirtschaft und ausgedehnte Arreale großer Gärtnereibetriebe die Flußlandschaft prägen, entstand in der 2. Hälfte des 12. Jh. die kleine Pfarrkirche St. Nikolaus als romanische Pfeilerbasilika. Sie wird wegen ihrer Lage in Flußnähe auch „Schifferkirche" genannt, bot sie doch zu früheren Zeiten Rheinschiffern den Ort für ein stilles Gebet.

Gleich hinter der Kirche befindet sich das 1839–42 errichtete Schloß Mickeln, von dem nur das Dach aus dem Versteck der Bäume herausschaut. Die Pläne zu dieser spätklassizistischen Villa stammen von Alexander J. Niehaus. Heute ist hier eine Heimvolkshochschule untergebracht. Den schönen Park schuf Maximilian Fr. Weyhe 1843.

Jenseits der Felder schließen sich die Ortschaften Itter – markiert durch das Kirchlein St. Hubertus – und Holsterhausen mit seinem Industriegelände an.

Alter Gutshof in den Rheinauen bei Düsseldorf-Itter

Erkrath-Trills, Siedlung an der Hildener Strasse

Geschwungene Linien der Straßenzüge grenzen Bebauungseinheiten voneinander ab und lassen dabei Siedlungsformen von interessantem landschaftsplanerischen Aussehen entstehen, wie es diese Aufnahme des Neubaugebiets Erkrath-Trills zeigt, deutlich erkennbar auch die sinnvolle Straßenzusammenführung durch die zwei Kreisverkehre. Das Neubaugebiet an der Hildener Straße ist ein weiterer Schritt auf dem Weg zur Vollendung einer neuen Konzeption des Wohnens in naturnaher Umwelt.

Neandertal bei Erkrath

Seinen Namen erhielt das Tal nach dem Schuldirektor und Kirchenlieddichter Joachim Neander (1650–80), der es während seiner Düsseldorfer Amtszeit häufig besuchte. Weltberühmt wurde es jedoch durch den 1856 hier gemachten Höhlenfund, als die Kalkindustrie dabei war, ihre Steinbrüche voranzutreiben. Man entdeckte dort die Hirnschale eines paläolithischen Menschentyps und hatte damit das damals älteste Beweisstück für die Existenz menschlichen Lebens in der Urzeit auf deutschem Boden gefunden, ein Wesen, das bald darauf als „Homo neanderthalensis" bezeichnet wurde. An der wissenschaftlichen Auswertung des Fundes war seinerzeit der Wuppertaler Professor Johann Carl Fuhlrott beteiligt gewesen.

Die Schönheit des Neandertales wurde aber nicht erst nach dem außergewöhnlichen Fund von der Öffentlichkeit entdeckt, sondern war seit langem bekannt. Auch Goethe machte 1791 von Düsseldorf aus hier eine Stippvisite, und heute ist das Tal für viele ein herrliches Wandergebiet.

Die Abbildung zeigt im Vordergrund das Neandertal, 30–40 m unter dem Niveau des Niederbergischen Landes verlaufend und von der Düssel durchflossen. Das moderne, elliptische Gebäude (unten links) ist das im Oktober 1996 eröffnete Urgeschichtliche Museum mit der Sammlung regionaler Fundstücke; jenseits der Bahnlinie die Steinbruchterrassen der Mannesmann-Kalkwerke.

Haus Vorst bei Leichlingen

Auch heute noch umgibt die Ruhe der Waldeinsamkeit Haus Vorst. Seine etwas erhöhte Lage auf einer Felsnase über dem Tal der Wupper deutet auf einen sicheren Standort hin, den die natürlichen Gegebenheiten des Geländes mit sich bringen. Darüber hinaus ist die schwer zugängliche Burganlage, welche die Herren von Vorst vor 1420 hier errichtet haben, von einem tiefen Graben umfangen. Die gemauerte Brücke verschafft den Zugang durch die Vorburg zum Innenhof mit seinem dreieckigen Grundriß. Portal, Torwächterhaus, Bergfried und Ringmauer datieren noch aus dem 14./15. Jh., während die Wohngebäude Anfang des 19. Jh. neu errichtet wurden. Originell erscheint hier die „Lösung" mit dem polygonalen Treppenturm vor der Fassade des Herrenhauses (1833). Dominierend wirkt der äußerst massive Bergfried, der mittelalterliche Wehrturm im Innenhof. Zerstörung und Wiederaufbau prägen die Geschichte von Haus Vorst während des 30jährigen Krieges und der „Franzosenzeit" (1795). Seit 1948 lebt hier der Maler Prof. Werner Peiner.

Haus Graven, Wasserburg bei Langenfeld

Geschützt durch hohe Bäume und von einem Wassergraben gesichert, stellt die erhaltene Vorburg nur noch einen Teil der einstigen Wasserburg dar. 1341, als Adolf von Graven durch den Kölner Erzbischof Walram das Anwesen zum Lehen erhält, wird die Anlage erstmalig erwähnt. Unter den nachfolgenden Besitzern finden sich die Namen des bergischen Kleinadels: von Overheid, von Bottlenberg, von Vellbrück, von Mirbach zu Harff. Während des 30jährigen Krieges fiel Haus Graven der Zerstörungswut marodierender Soldaten anheim. Lediglich die Vorburg baute man 1656 wieder auf. Heute befindet sich in den Gebäuden eine Werkstatt, die der Herstellung von handgewebten Teppichen nachgeht.

Leichlingen-Witzhelden

Spinnenartig greifen die Arme der Hauptstraßen vom Zentrum Witzheldens in die Umgebung aus und bestimmen auf charakteristische Weise die Topographie des Ortes. Im Schnittpunkt der Verkehrswege liegt die Ev. Kirche (1768–69) mit dem noch erhaltenen Turm des 12. Jh. Witzhelden wurde 1975 nach Leichlingen eingemeindet.

Wersbachtal

Gut erkennbar ist der Verlauf, den der Wersbach auf seinem Weg durch die Landschaft nimmt. Den historischen Ort, die Wersbacher Mühle (heute ein Ausflugslokal), streifend, speist er anschließend eine Kette von Fischteichen. Im Vordergrund, wo die L 359 (Burscheid–Witzhelden) das Wasser überquert, hat sich eine kleine Freizeitkolonie etabliert.

Solingen

„Made in Solingen", das war und ist ein weltweit anerkanntes Markenzeichen für Produkte, deren Anfertigung in dieser Stadt eine Jahrhunderte alte Tradition hat. Den Ruf der bergischen Industriestadt (166 000 Einw.) begründete das Handwerk der Schneid- und Besteckwarenhersteller. Was um 1200 mit Hieb- und Stichwaffen in den Schwertschmieden begonnen hatte, setzte sich bald darauf in arbeitsteilig betriebenen, zunftmäßig geführten Handwerksstätten fort, erreichte dann um 1600 seine Blütezeit. Aufgrund vermehrter Messerherstellung und einer Ausdehnung der Scheren- und Gabelproduktion während des 18. Jh. wuchs allmählich die Schneidwarenindustrie zu enormer Kapazität heran, eine vorwiegend mittelständisch strukturierte Branche. Aus der „Klingenstadt" stammen gegenwärtig 90 % aller in Deutschland hergestellten Schneid- sowie zwei Drittel aller Besteckwaren. Es lag daher nahe, daß der „Industrieverband Schneidwaren und Bestecke e.V." seinen Sitz hierher verlegt hat. Im „Deutschen Klingenmuseum" wird die Geschichte dieses Handwerks anschaulich dokumentiert.

Obschon ein bedeutendes Industriezentrum, zeigt die Stadt keineswegs das Bild rauchender Schornsteine neben unzähligen Fabrikhallen, im Gegenteil, an vielen Stellen reicht die Natur mit Grünflächen und einer manchmal noch erhaltenen, reizvollen ländlichen Idylle in die Wohn- und Gewerbebezirke hinein. Ein historisch gewachsener Stadt-

Solingen-Mitte

Recht unregelmäßig verlaufen die Schneisen der Straßenzüge durch den Innenstadtbereich. An der neuen Bebauung ist abzulesen, daß Solingen seine City nach den verheerenden Luftangriffen des Jahres 1944 völlig neu errichten mußte, wenn auch dabei etwas wahllos vorgegangen worden ist. Stadtbrände hatten aber schon im ausgehenden Mittelalter für den Untergang des alten Solingen gesorgt (1535, 1581, 1589). Der Gewinn eines wirklichen Stadtzentrums ist jedoch bis heute nicht erreicht, er scheiterte bislang an der dezentral orientierten Stadtplanung. Wie das Bild deutlich werden läßt, konnte zumindest im Kernbereich (Kölner Straße–Ufergraben–Goerdelerstraße) eine gewisse städtebauliche Einheitlichkeit erzielt werden.

Gut hebt sich die Ev. Kirche – inmitten dieses Bezirks gelegen – durch ihren schlanken weißen Glockenturm von der Umgebung ab. Wenig darüber wird die Kath. Kirche „Unter St. Clemens", eine Doppelturmanlage des 19. Jh., erkennbar; davor der Mühlenplatz. Vom unteren Bildrand herauf läuft die B 229 auf den Graf-Wilhelm-Platz zu (Gebäude der Fa. Karstadt).

kern besteht nicht, auch nach mehr als 60 Jahren der Eingemeindung existiert weiterhin eine gewisse Eigenständigkeit in den fünf Solinger Stadtteilen Ohligs, Höhscheid, Gräfrath, Wald und Burg. Die Ursachen dafür liegen u. a. in topografischen Gegebenheiten, denen die Besiedlung insofern gefolgt ist, daß sie vorwiegend die von tiefen Bachtälern getrennten Höhenrücken in Besitz nahm, was das Zusammenwachsen behinderte.

Solingen-Ohligs, Zentrum

Wipperkotten bei Solingen

Im 14. Jh. entstanden entlang der Wupper zahlreiche Schleiferwerkstätten. Man bezeichnet sie hier als Kotten. Mit Hilfe von Wasserkraft wurde oft eine ganze Serie von Schleifsteinen, verteilt über mehrere Geschosse eines solchen Hauses, betrieben. Während des 17. Jh. gab es im Solinger Raum die meisten Schleifkotten: 1684 zählte man z. B 109 Betriebe. Mit dem Auftreten von Dampfmaschinen und Elektromotoren verloren die Werkstätten ihre Bedeutung.

Der Wipperkotten ist eine zweiteilige Anlage: Im Innenkotten wird noch heute mit Wasserkraft geschliffen, der Außenkotten dient einem Designer als Atelier.

Müngstener Brücke

Eines der herausragenden technischen Wunderwerke des Bergischen Landes ist die Müngstener Brücke – neben der Wuppertaler Schwebebahn ein nicht weniger bekanntes Wahrzeichen dieser Region. Nach wie vor Deutschlands höchste Eisenbahnbrücke, überspannt die Eisenkonstruktion das Tal der Wupper in 107 m Höhe, wobei sie sich über eine Länge von 500 m ausdehnt und sich dabei harmonisch in die Waldlandschaft einfügt. Ihr so vielgestaltiges Strebewerk aus 5000 Tonnen Stahl halten ca. eine Million Nieten zusammen. Zu einer Zeit, als die industrielle Entwicklung noch stark vom Gütertransport auf dem Schienenweg abhängig war, ermöglichte die Müngstener Brücke erstmals eine bequeme Verbindung zwischen den Städten Remscheid, Solingen und Wuppertal.

In Zusammenarbeit mit der Eisenbahndirektion Elberfeld entwickelte die Maschinenbau AG Nürnberg (MAN) unter Leitung ihres Direktors A. Rieppel einen Entwurf, der schließlich in den Jahren 1894 – 1897 zur Ausführung gelangen sollte. Die vom preußischen Landtag dafür bewilligten Geldmittel in Höhe von fünf Millionen Goldmark wurden jedoch nur zur Hälfte in Anspruch genommen. Die Baukosten betrugen nur 2 646 386 Mark. Unter den Gästen der Einweihungsfeier am 15. Juli 1897 befand sich Prinz Friedrich Leopold von Preußen der Schwager Kaiser Wilhelm II.

Anläßlich des 100jährigen Geburtstages der Brücke ließ die Deutsche Bahn AG mit zahlreichen Sonderfahrten so manche Erinnerungen an vergangene Zeiten wieder aufleben. Die Abbildung zeigt eine heute selten gewordene Zugbegegnung: Die Dampflok der Baureihe 01 zieht eine Reihe historischer Waggons, von rechts kommt ein Triebwagen.

Schloss Burg

In der waldreichen Umgebung von Wermelskirchen ist die bedeutendste Burganlage des Bergischen Landes zu finden: Schloß Burg an der Wupper, im Mittelalter Stammsitz des bergischen Grafengeschlechts. Graf Adolf I. ließ des Bauwerk ab 1133 auf steilem Berghang, 100 m hoch über dem Tal errichten, nachdem er den ursprünglichen Wohnort im Dhünntal („Altenberge“) aufgegeben hatte, um ihn den Zisterziensern aus Morimond zu überlassen. Mit Engelbert II., dem einflußreichsten Sproß des Geschlechts, Kölner Erzbischof und Reichskanzler Kaiser Friedrich II. erlebte die Burg allerdings erst ihre eigentliche Ausbauphase; zu dieser Zeit entstanden Palas (1218–25) sowie weitere Befestigungsanlagen, so daß nach und nach ein stattlicher Komplex von Gebäuden heranwuchs, den Landesmittelpunkt der Herrschaft nachhaltig markierend. Auch hatte man dem Johanniterorden noch im 12. Jh. die Gründung einer Niederlassung auf dem Burggelände zugestanden.

Erneut wurde die Anlage unter den nachfolgenden Geschlechtern aus den Häusern Limburg und Jülich erweitert, verlor jedoch nach 1386 an Bedeutung, als man die Residenz nach Düsseldorf verlegte. Zerstörungen des 30jährigen Krieges leiteten eine Phase des unaufhaltsamen Niederganges ein; 1850 war die Burg ein Steinbruch. Erst die Gründung des Schloßbauvereins 1887 durch den Wermelskirchener Seidenfabrikanten Julius Schumacher brachte den Wiederaufbau von Schloß Burg in Gang, ließ ihn zu einem heimatgeschichtlichen, nicht weniger aber auch nationalen Anliegen werden (Fertigstellung 1900).

Heute im Besitz des „Schloßbauvereins Burg a. d. Wupper e.V.“ ist Schloß Burg für viele eine Art Freilichtmuseum rheinischer Burgenarchitektur geworden, sein Bergisches Museum zeigt Waffen-, Münz- und Keramiksammlungen, die hier stattfindenden Ausstellungen beleuchten Aspekte heimatgebundener Kulturgeschichte, Konzerte im Rittersaal verbreiten eine ganz besondere Atmosphäre. Ein Objekt mit sehr hohem Freizeitwert konnte sich hier u. a. auch deshalb gut entwickeln, weil man es verstanden hat, die Attraktivität durch Handwerksmärkte (z. B. Burger Brezelmarkt) und Ritterspiele noch zu steigern.

Burg an der Wupper

Die „Freiheit“ Burg im Tal der Wupper besaß schon seit dem 14. Jh. unter ihren Einwohnern viele Weber, während des 16. Jh. kamen dann die Schmiede hinzu, Schleifkotten und Schmiedehämmer zeugen davon. Gearbeitet wurde in kleinsten Werkstätten in oder direkt neben den Wohnhäusern. So manches historische Gebäude ist noch erhalten. An der Straßenbrücke mündet der Eschbach in die Wupper.

Schloss Hackhausen bei Solingen-Ohligs

Nur wenige Minuten vom Solinger Stadtteil Ohligs entfernt liegt am Rand des Stadtwaldes Schloß Hackhausen. Die seit 1342 bestehende Burg mit Wassergraben wurde jedoch 1772 niedergelegt, um einer neuen Schloßanlage Platz zu machen, die freilich noch das alte Grabensystem mit einbezieht, ansonsten aber auf den Geschmack und das Stilempfinden des Rokoko ausgerichtet ist. Auf quadratischem Grundriß erhebt sich das zwei geschossige Wohngebäude mit seinem pyramidenförmigen Mansarddach, in das ringsherum Fenster eingelassen sind, die neben zahlreichen Gauben zur Auflockerung der Dachfläche beitragen. Den First krönt eine doppelte Laterne. Um den Schloßhof gruppieren sich Wirtschaftsgebäude (18. Jh.).

Schloss Caspersbroich

Die hübsche Schloßanlage im Ittertal zwischen Solingen-Ohligs und Haan erhielt ihren Namen nach Caspar von Pertzdorf, der einstmals Besitzer war. Von der mittelalterlichen Wasserburg Caspersbroich, deren Name einen Hinweis auf die feuchte Umgebung des Standorts gibt (Broich = Bruch = sumpfige Stelle), kündet noch der Teich rechts neben dem Schloß. Die Anlage entstand 1442, wurde im 16. Jh. erweitert und später zu einem prächtigen Herrschaftssitz ausgebaut. In gewisser Weise blieb das Gepräge einer Burg durch die Türme und Befestigungsanlagen erhalten. Auch wirkt das Fachwerk, das noch an einem großen Teil der Gebäude zu beobachten ist, an dem schönen Eindruck mit, den Caspersbroich als Bauwerk macht.

Sengbach Talsperre

Am 28. Mai 1903 wurde dieser Stausee mit einem Festakt eingeweiht und seiner Bestimmung übergeben. Das von Geheimrat Prof. Dr.-Ing. Otto Intze, dem Pionier des deutschen Talsperrenbaues, entworfene Projekt konnte nach einer Bauzeit von drei Jahren fertiggestellt werden und bedeutete für den Raum Solingen den Schritt in ein neues Zeitalter der Wassergewinnung und -versorgung. Der Stauinhalt von ca. 3 Mill. cbm ermöglichte den Verzicht auf eine Wasserversorgung von Industrie und Bevölkerung aus Grundwasser, an deren Stelle nun die geregelte Oberflächenwasserversorgung trat. Auch konnten die unterschiedlich stark anfallenden Regenmengen samt ihren negativen Folgen für die Natur jetzt besser ausgeglichen werden.

Die Höhe der Staumauer beträgt 48 m, die Länge 178 m. Heute versorgt die Sengbach-Talsperre große Teile der Städte Solingen und Haan mit Trinkwasser. Der Pflege des Schutzwaldes und der Einrichtung von drei Schutzzonen um den See seit dem Jahr 1974 ist es zu verdanken, daß der Gehalt an Nitraten und Phosphaten im hier gewonnenen Rohwasser während der letzten zwanzig Jahre konstant niedrig blieb.

Leichlingen-Diepental

Von Witzhelden kommend durchfließt der Wersbach zwischen den Gemeinden Leichlingen und Burscheid im Rheinisch-Bergischen Kreis ein bezauberndes, weitgehend unter Landschaftsschutz stehendes Gebiet und speist bei Diepenthal zwei kleinere Seen. Durch Aufstau wurde auch hier die Wasserführung regulierbar gemacht – ein idealer Ort für erholsame Wanderungen.

Wuppertal-Elberfeld, Zentrum

Von der Bebauung des 19. Jh. haben die schweren Luftangriffe des Jahres 1943 so gut wie nichts übriggelassen. Neben der fast vollständigen Zerstörung durch Brand- und Phosphorbomben forderte die Bombardierung eine hohe Zahl von Todesopfern: 7700 Tote waren allein in den beiden Stadtteilen Elberfeld und Barmen zu beklagen.

Eines der wenigen erhaltenen Gebäude ist das ehemalige Rathaus am Neumarkt, 1895–1900 nach Plänen des Charlottenburger Architekten G. Reinhard errichtet und durch Kaiser Wilhelm II. eingeweiht. Wegen seiner Kupferbedachungen hebt es sich deutlich vom Häusermeer ab. Die Höhe seines Turmes beträgt 79,5 m. Heute sind hier die Bezirksverwaltungsstellen der einzelnen Stadtbezirke untergebracht, deshalb lautet seine offizielle Bezeichnung Verwaltungshaus.

Südlich schließen sich größere Kaufhäuser an (Kaufhof AG); gut erkennbar das dortige Parkhaus mit den gewundenen Auffahrten, weiter rechts das Von der Heydt-Museum. Ganz rechts am Bildrand zeigt sich ein ausgedehnter Gebäudekomplex an der Morian Straße; hier befinden sich das Hauptpostamt sowie die Fernmeldestelle. An der Friedrichstraße (links oben) liegt die Kreuzkirche (1847–50), ein Werk des Schinkel-Schülers Friedrich August Stüler.

Cloppenburg

WUPPERTAL-ELBERFELD

Straßenzüge gliedern die Wohngebiete und lassen dabei – wie hier im Stadtteil Elberfeld – in sich geschlossene Ordnungen entstehen; gut erkennbar ist auch, daß sich die Wupper daran beteiligt. Am rechten oberen Bildrand verläuft fast parallel zur Wupper die Bundesallee und überquert später den Robert-Daum-Platz. Im Vordergrund sieht man die Bahnhofstraße mit ihren Einmündungen Kleeblatt und Schloßstraße im Gebiet Johannisberg.

Die Stadthalle (vorn), eines der großen traditionsreichen Gebäude Wuppertals (1895–1900; Architekten: Brüning und Mäurer), wird zu den schönsten deutschen Bauten im Stil der Neorenaissance italienischer Prägung gerechnet. Kunsthistoriker sehen den Bau in einer Reihe mit dem Leipziger Gewandhaus, der Hamburger Musikhalle sowie den Tonhallen in München und Zürich. Während des Zweiten Weltkriegs nur wenig beschädigt, wurde in den 80er Jahren mit der ersten Renovierung des Innern begonnen, was dann mehr und mehr den Wunsch nach grundlegender Revitalisierung des gesamten Gebäudes hervorrief.

Mit dem Ziel optischer Aufwertung wie auch der Anpassung an heutige Nutzungsanforderungen brachte der Stadtrat 1991 das Vorhaben auf den Weg. Erst Ende 1995 sollten die Arbeiten, für die rund 80 Mill. DM aufgewendet werden mußten, abgeschlossen sein.

Neben der Stadthalle befindet sich das Stadtbad, vom Volksmund als „Schwimmoper" bezeichnet; wegen integrierter Tribünen extravagant in der äußeren Form.

WUPPERTAL-ELBERFELD

Im 12. Jh. gehörte der Hof „Elvervelde" zu den Tafelhöfen des Kölner Erzstiftes, ab 1430 dann zum Herzogtum Berg. Begünstigt durch das kalkarme Wasser der Wupper wächst im 16. Jh. das Handwerk des Garnbleichens zum Haupterwerbszweig heran („Garnnahrungsprivileg" von 1527) und wird zur Grundlage einer sich erstaunlich schnell entwickelnden Textilindustrie bei enormem Zuwachs der Bevölkerung. Man spricht im 19. Jh. von Elberfeld (und Barmen) als dem „Klein-Manchester". Als etwas, was der Prosperität sehr dienlich ist, erweist sich die 1841 fertiggestellte Eisenbahnverbindung Düsseldorf–Elberfeld. Heutzutage bestehen als ergänzende Industriezweige die pharmazeutische und die metallverarbeitende Industrie.

Daß Elberfeld im Mittelalter eine Burganlage besessen hat, davon künden nur noch Straßennamen wie Turmhof, Wall, Burgstraße., Hofau und Hofkamp. Stadtrechte erhält es 1610. Bedeutende Architekten prägen das Stadtbild während des 19. Jh.: Carl Ferdinand Busse, Johann Peter Cremer, Adolf von Vagedes (Laurentiusviertel, Kath. Pfarrkirche St. Laurentius, 1828–32). 1929 vollzieht sich die Vereinigung Elberfelds und Barmens, der Name Wuppertal entsteht. 1972 avanciert die bergische Großstadt durch Gründung der Gesamthochschule (rechts im Bild) zur Universitätsstadt.

Wuppertal-Elberfeld, Werksanlagen der Fa. Bayer AG

An einer relativ engen Stelle im Tal der Wupper siedelten sich die ehemaligen Farbenfabriken Bayer an. Im Jahr 1866 verlegten die beiden Firmeninhaber Friedrich Bayer und Friedrich Weskott den Betrieb an diese Stelle im Westen der Stadt, nachdem sie ihn 1863 im östlichen Vorort Heckinghausen gegründet hatten. Die damals noch wenig bebaute Gegend muß für den Standort günstige Möglichkeiten geboten haben, z. B. die unmittelbare Nähe der Wupper als einem ständig zur Verfügung stehenden Wasservorrat. Die Farbenfabriken verblieben hier bis 1878. Von da ab nämlich standen die Zeichen auf Expansion, was schließlich die Verlegung nach Leverkusen nach sich zog, wo ab 1891 das Hauptwerk ansässig ist. Die Bayer AG stellt in Wuppertal noch pharmazeutische Präparate und Pflanzenschutzmittel her.

Rechts im Bild der Kiesberg, links der Stadtteil Westende, im Hintergrund Elberfeld. Getreu dem Lauf der Wupper folgend, schlängelt sich die Schwebebahn durch die Werksanlagen hindurch.

Wuppertal, Bergische Universität– Gesamthochschule

Der Hochschulkomplex an der Max-Horkheimer-Straße im Stadtteil Elberfeld – 1972 gegründet – beherbergt in seinen Gebäuden 14 Fachbereiche. Zu den herausragenden Einrichtungen zählen z. B. das „Audiovisuelle Medienzentrum" und die Universitätsbibliothek mit über 800 000 Bänden. Heute sind hier ca. 17 000 Studenten immatrikuliert.

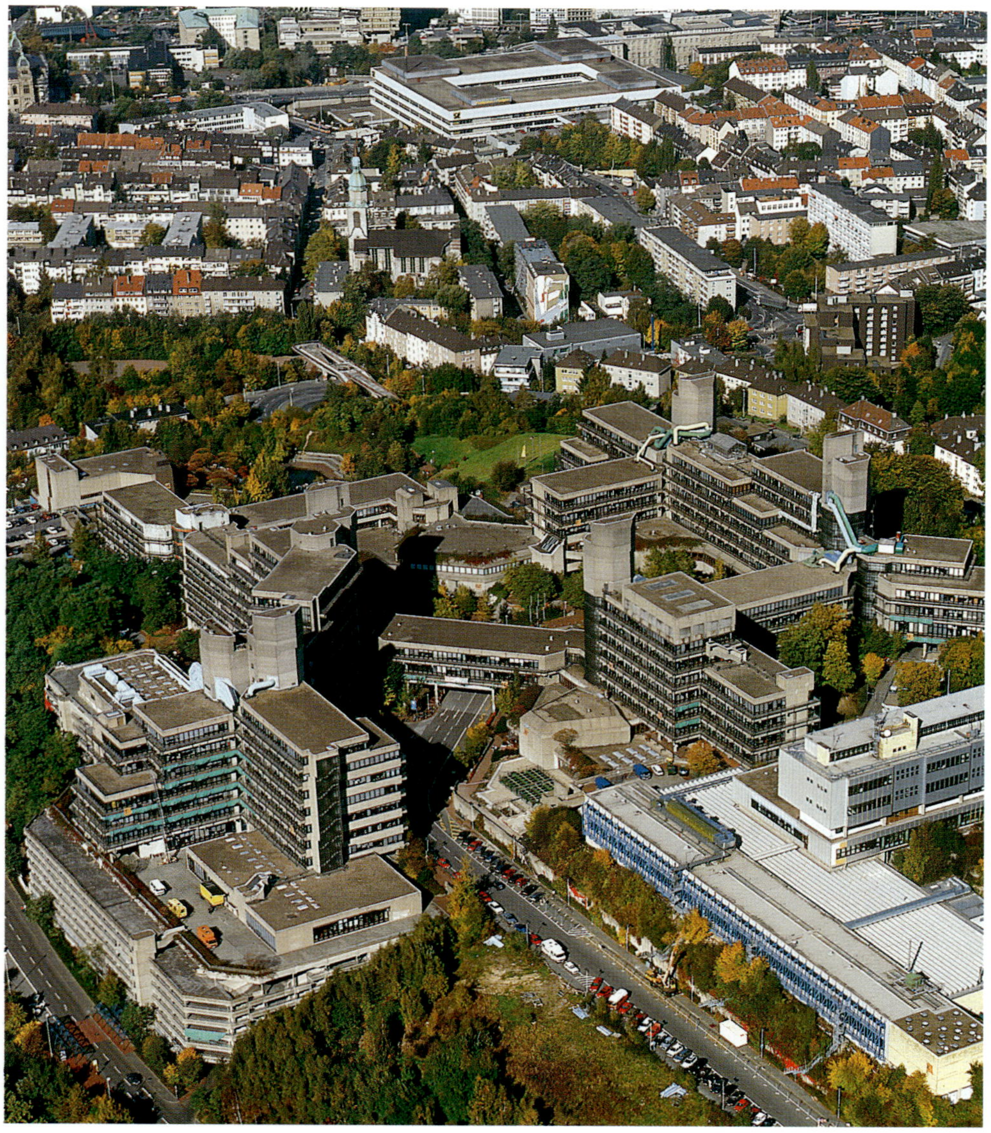

Wuppertal, Uni-Halle

Als repräsentativer Austragungsort für Sportveranstaltungen ergänzte die 1987 errichtete Uni-Halle den Campus der Bergischen Universität um ein weiteres Gebäude; auffallend die achteckige Form des Baukörpers. Jedoch erlauben die vorhandenen Möglichkeiten durchaus auch anderweitige Nutzungen, beispielsweise für Konzertveranstaltungen. So wurden die Konzerte des Wuppertaler Sinfonieorchesters während der mehrjährigen Umbauarbeiten an der Stadthalle hierher verlegt. Bis zu 4000 Besuchern bietet die Halle Platz.

WUPPERTAL-SONNBORN, ZOOLOGISCHER GARTEN

Der Zoologische Garten im Stadtteil Sonnborn wurde im Jahr 1881 gegründet. Sein im historisierenden Baustil errichtetes Empfangsgebäude legt heute noch ein beredtes Zeugnis des damaligen Zeitgeschmacks ab. Freigehege, Tierhäuser und sonstige Anlagen verteilen sich auf ein 20 ha großes Gelände, dessen beträchtliche Höhenunterschiede ca. 70 m betragen. 84 Säugetier- und 292 Vogelarten werden hier neben einer Vielzahl von Amphibien, Reptilien und Fischen gehalten.

WUPPERTAL-SONNBORN, SCHLOSS LÜNTENBECK

Der einzige auf Wuppertaler Stadtgebiet gelegene und noch gut erhaltene Herrensitz ist Schloß Lüntenbeck. Ursprünglich gänzlich von Wassergräben umgeben, war Lüntenbeck das Zentrum (Oberhof) eines aus 18 Höfen bestehenden Verbandes und zum Besitz des Stifts Gerresheim gehörig. Den Grafen von Berg wurden im 13. Jh. die Vogteirechte über die Burg übertragen; 1421 bekommen die Herren von Carnap sie zu Lehen, danach die von Lohausen, von Mallinckrodt, die von Bottlenberg, bis im Jahr 1792 der Elberfelder Kaufmann und Bürgermeister Johann Plücker die Anlage erwirbt.

In seiner ganzen Breite wendet sich das schiefergedeckte Herrenhaus (17. Jh.) mit einem massig wirkenden Eckturm dem Innenhof zu; typisch bergisch hieran die welsche Haube mit Laterne. Wie die modernisierten Gebäude der Vorburg (19. Jh.), in denen über Jahre hinweg ein namhaftes Hotel und Restaurant untergebracht waren, dient heute das Herrenhaus Wohnzwecken, auch Büros hat man dort eingerichtet. Besitzer des Schlosses ist die Stadt Wuppertal.

Wuppertal-Saurenhaus

In Nord-Süd-Richtung verläuft die autobahnähnlich ausgebaute B 224n, derzeit die einzige moderne Schnellstraßenverbindung im niederbergischen Raum. Aufgrund der Trassenführung war im Stadtteil Saurenhaus die Tunnelunterquerung eines Höhenzuges erforderlich.

Wuppertal-Schöller, Gut Schaesberg

Ein Blick auf den heutigen Gutshof läßt lediglich erahnen, daß an seiner Stelle einst ein wehrhafter Herrensitz gestanden haben muß. Eigentlich weisen nur noch Bergfried (13. Jh.) und Ev. Kirche (12. Jh., wohl eine sogenannte Eigenkirche) darauf hin, denn alle anderen Gebäude ließ die Familie von Schaesberg gegen Ende des 18. Jh. abtragen. Die Absicht, ein neues Schloß zu errichten, gelangte jedoch nie zur Ausführung.

Zu fränkischer Zeit (9. Jh.) entstanden, wurde der Gutshof dem Kloster Corvey an der Weser zur Schenkung gemacht, 1430 aber wieder an das ortsansässige Rittergeschlecht von Schonlare (Schöller) übertragen, welches nun in den Genuß aller Zinsen und Einkünfte aus dem Kirchspiel Schöller gelangte. Die Herren von Schöller waren im 16. und 17. Jh. hohe Beamte am Bergischen Hof zu Düsseldorf gewesen. Amtmann Rütger I. von Schöller wird mit der Gründung der ersten reformierten Gemeinde des Bergischen Landes an diesem Ort 1530 in Verbindung gebracht.

Lange Zeit kündete die Lokalgeschichte davon, der Turm am Eingang des Gutshofes sei das Gefängnis des berüchtigten „Schinderhannes", den man in dieser Gegend gefangengenommen habe, gewesen. Tatsächlich handelte es sich nicht um den Schinderhannes, wie man heute weiß, sondern um den aus der Nachbarschaft stammenden „Auerbäumer Hannes", der hier Anfang des 19. Jh. eingekerkert war.

Wuppertal-Sonnborn, Autobahnkreuz

Wuppertal besitzt zwei wichtige Verkehrsknotenpunkte, die sich jeweils an der Peripherie im Westen und Osten der Stadt befinden. Das hier abgebildete Sonnborner Autobahnkreuz macht dank seines ausgeklügelten Systems der Verkehrswegeführung zunächst auf den Betrachter einen verwirrenden Eindruck. Es ist wahrlich ein „Knoten", den Straßen und Schienenwege hier miteinander bilden, der aber deshalb entstehen mußte, um individuellen Erfordernissen von An- und Verbindungen innerhalb dieses Wohn- und Gewerbegebietes gerecht zu werden.

Von rechts unten kommt die A 46 ins Bild. Sie fächert sich in ihrem weiteren Verlauf in zwei Stränge auf, deren einer in vielen Windungen (als A 46) Richtung Elberfeld geführt ist, deren anderer jedoch als B 224n in den niederbergischen Raum nach Velbert abzweigt. Die A 46 wird ferner von der Bergisch-Märkischen Bahnlinie Köln–Hagen überquert wie auch von der Schwebebahn und der Sonnborner Straße (unten rechts). Für die Überquerung der Schwebebahn hatte man 1973 eine neue Tragekonstruktion mit 137,1 t Gewicht als zusätzlicher Verstärkung der alten Fachwerkbrücke auf einer Länge von ca. 102 m installiert. In eleganten Biegungen führen Zubringer oder Auffahrten den Verkehr an die A 46 heran.

Wuppertal-Vohwinkel, Endbahnhof mit Wendeschleife der Schwebebahn

An der Vohwinkeler Straße in der Nähe des Kaiserplatzes liegt der Endbahnhof, der sich unter der weißen Bedachung befindet; im Anschluß daran die Wendeschleife. Sie wird gleichzeitig als Zugdepot genutzt.

Wuppertal-Katernberg

Elberfeld, der westlich gelegene Stadtteil Wuppertals, geht am nördlichen Rand langsam in ein Gebiet aus waldbestandenen Flächen und Feldern über. Katernberg (vorn) und Uellendahl (weiter hinten) als kleinere Vororte liegen hier in einer Art „Übergangszone". Durchs Bild zieht sich das schmale Band des Westfalenweges. Zwei markante Bauwerke setzen besondere Akzente, der 1978 in Betrieb genommene Fernmeldeturm der Deutschen Telekom sowie der Wasserturm Pfaffenhaus (1927).

Schwebebahn

Das berühmteste Wahrzeichen Wuppertals ist sicher seine Schwebebahn (erbaut 1898–1903) und bis heute wohl das sicherste Nahverkehrsmittel überhaupt. 50 000 Fahrgäste benutzen sie täglich. Auf der Gesamtstrecke von 13,3 km verläuft sie zumeist in 12 m Höhe über dem Flußbett der Wupper, nur 3,3 km befinden sich über Straßen. Entsprechend reich an Windungen fällt daher ihre Streckenführung aus, auf der sie sich mit einer Durchschnittsgeschwindigkeit von 26,4 km/h bewegt. Zwischen den beiden Endstationen in Vohwinkel (Kaiserplatz) und Oberbarmen (Berliner Platz) befinden sich 17 Haltestellen. Wiederholt wurden während der letzten Jahre einige der noch aus der Gründungszeit erhaltenen Bahnhöfe restauriert oder neue wie die Station Ohligsmühle (1982) hinzugefügt. Die geniale Erfindung der „hängenden Hochbahn“ stammt von dem Kölner Ingenieur Carl Eugen Langen (1833–1895). Wie ein „Tausendfüßler“ mutet die Tragekonstruktion der Schwebebahn aus der Vogelschau an; hier ein Streckenabschnitt im Stadtteil Unterbarmen.

WUPPERTAL-BARMEN, ZENTRUM

Auch das Barmer Stadtzentrum hatte 1943 stark unter Bombenangriffen zu leiden, daher zeigt sich – wie im Stadtteil Elberfeld – im wesentlichen Nachkriegsbebauung, vorwiegend ausgeführt in größeren Einheiten, die klar die Ausrichtung auf ein Geschäftsviertel, in dem allerdings ebenso zahlreiche Unternehmen ihren Verwaltungssitz haben, erkennen lassen. Barmens geschichtliche Entwicklung verlief anders als diejenige Elberfelds. Hier ist im Mittelalter nie ein befestigter Stadtkern entstanden. Vielmehr existierte bis zur napoleonischen Zeit lediglich eine lockere Fügung einzelner Hofgüter bzw. kleinerer Dörfer, politisch zum Amt Beyenburg gehörig. Der wirtschaftliche Aufschwung durch das Textilgewerbe verlief jedoch in beiden Schwesterstädten ähnlich. Die schon im 18. Jh. beginnende maschinelle Herstellung von Spitzen und Litzen trug Barmen für seine Produkte bald den Begriff „Barmer Artikel“ ein.

In einer Biegung überquert die Schwebebahn die Kreuzung Friedrich-Engels-Allee/Steinweg, den verkehrsreichsten Platz Barmens. Hier entstand 1966/67 aufgrund des erweiterten Kreuzungsbereiches, der die Wupper an dieser Stelle völlig abdeckt, eine neue Hängekonstruktion zur Aufnahme des Gleiskörpers der Schwebebahn. Mit Schrägseilen an zwei Stahlpylonen befestigt, hängt das Stahlfachwerk der Schienenbrücke auf einer Länge von 172 m in 8 m Höhe über dem Straßenniveau, ergänzt durch den Bahnhof „Alter Markt“. Das Gesamtgewicht der Anlage beträgt 1700 Tonnen; man kann hier wohl zu Recht von einer Meisterleistung des Ingenieurwesens sprechen. Gut erkennbar ist auch der Eisenbahnviadukt über den Steinweg im Hintergrund.

Wuppertal-Barmen

Wuppertal besitzt im Süden noch größere zusammenhängende Wälder. Immerhin sind 23,3 % des Stadtgebietes reine Waldflächen (Bundesdurchschnitt: 28 %). Der Blick geht hier über den Standort-Übungsplatz der Bundeswehr im Gebiet Erbschlö hinweg – links der Barmer Wald – und schweift in Richtung Marscheider Wald, wo in der Ferne auch die A 1 zu erkennen ist.

Wuppertal-Oberbarmen, Schulzentrum Ost 2

An der Max-Planck-Straße liegen die neuen Gebäude des Schulzentrums Ost 2. Früher stand hier das Städtische Carl-Duisberg-Gymnasium; diese traditionsreiche, 1861 gegründete Höhere Schule zog vor einigen Jahren in die neuen Räumlichkeiten ein.

Umgeben von Straßenzügen mit einheitlicher Wohnbebauung, die größtenteils nach dem Zweiten Weltkrieg neu entstand, liegt die Kath. Kirche St. Johann Baptist (1888–90). Als Doppelturmanlage erbaut, zeigt die dreischiffige Hallenkirche romanische und gotische Stilmerkmale. Auch sie erlitt schwere Kriegsschäden, wurde jedoch bereits 1950 wiederaufgebaut.

Wuppertal-Oberbarmen, Berliner Platz

Einer der wichtigen innerstädtischen Verkehrsknotenpunkte ist der Berliner Platz. Hier trifft die von Norden kommende Schwarzbach auf die Berliner Straße. Gut erkennbar sind der Bahnhof und das langgestreckte Depotgebäude der Schwebebahn mit Wendeschleife, dessen Äußeres wieder dem originalgetreuen Aussehen zur Erbauungszeit angeglichen wurde; im Ausschnitt sichtbar die Bergisch-Märkische Bahnlinie Köln–Hagen.

Wuppertal-Küllenhahn, Schulzentrum Süd

Neben dem Fernmeldeturm liegen die Gebäude des 1970 gegründeten Schulzentrums Süd. Haupt- und Realschule sowie ein Gymnasium sind hier untergebracht; davor die großflächige Halle des Sportzentrums.

Wuppertal-Cronenberg, historischer Stadtkern

„Cronberga" – so lautet in der ersten urkundlichen Erwähnung um 1050 der Ortsname des heute nach Wuppertal eingemeindeten Städtchens, das seit 1808 Stadtrechte besaß und bis 1929 selbständig war. Bereits im frühen Mittelalter lag hier ein Hauptsitz der bergischen Kleineisenindustrie, baute man doch in unmttelbarer Nähe Eisenerzvorkommen ab. Insbesondere die Sensenschmiede und -schleifer waren es, die im Jahr 1600 eine Vorrangstellung durch Verleihung eines Privilegs erhielten, das ihnen die Alleinherstellung im Herzogtum Berg zusicherte. Als die manuelle Produktionsweise allmählich in eine Krise geriet und die industrielle Fertigung sie immer mehr ersetzte, stellte man auf die Erzeugung anderer Kleineisenwaren um. Auch heute noch spielt die Werkzeugindustrie als Industriezweig eine sehr wichtige Rolle.

Wahrzeichen Cronenbergs ist die Ev.-Ref. Kirche (1771 eingeweiht). Sie liegt im gut erhaltenen Ensemble verschieferter Wohnhäuser aus der Zeit des 18. Jh. Es heißt, sie gehöre wegen ihres prächtigen Kanzelaltars im Rokokostil zu den schönsten des Bergischen Landes. Hinter ihr an der Hauptstraße liegt der historische Stadtbezirk, genannt „et Dorp"; eine Gasse trägt hier die Bezeichnung „An der Hütte", womit auf den Standort einer ehemaligen Eisenschmelze hingewiesen wird.

Wuppertal-Hatzfeld

Industriebetriebe und eine nahezu unberührte Landschaft liegen im Bergischen Land sehr oft in unmittelbarer Nachbarschaft. Das hat Tradition und prägte vielerorts sein Erscheinungsbild. Hier, am nördlichen Stadtrand Wuppertals, haben sich im Stadtteil Hatzfeld verschiedene mittelständische Unternehmen etabliert, die gleichzeitig unmittelbar an die bewaldeten Ausläufer des Niederbergischen Landes stoßen. Die ausgedehnten Werksanlagen gehören zur Fa. Herberts, einem Farben- und Lackproduzenten.

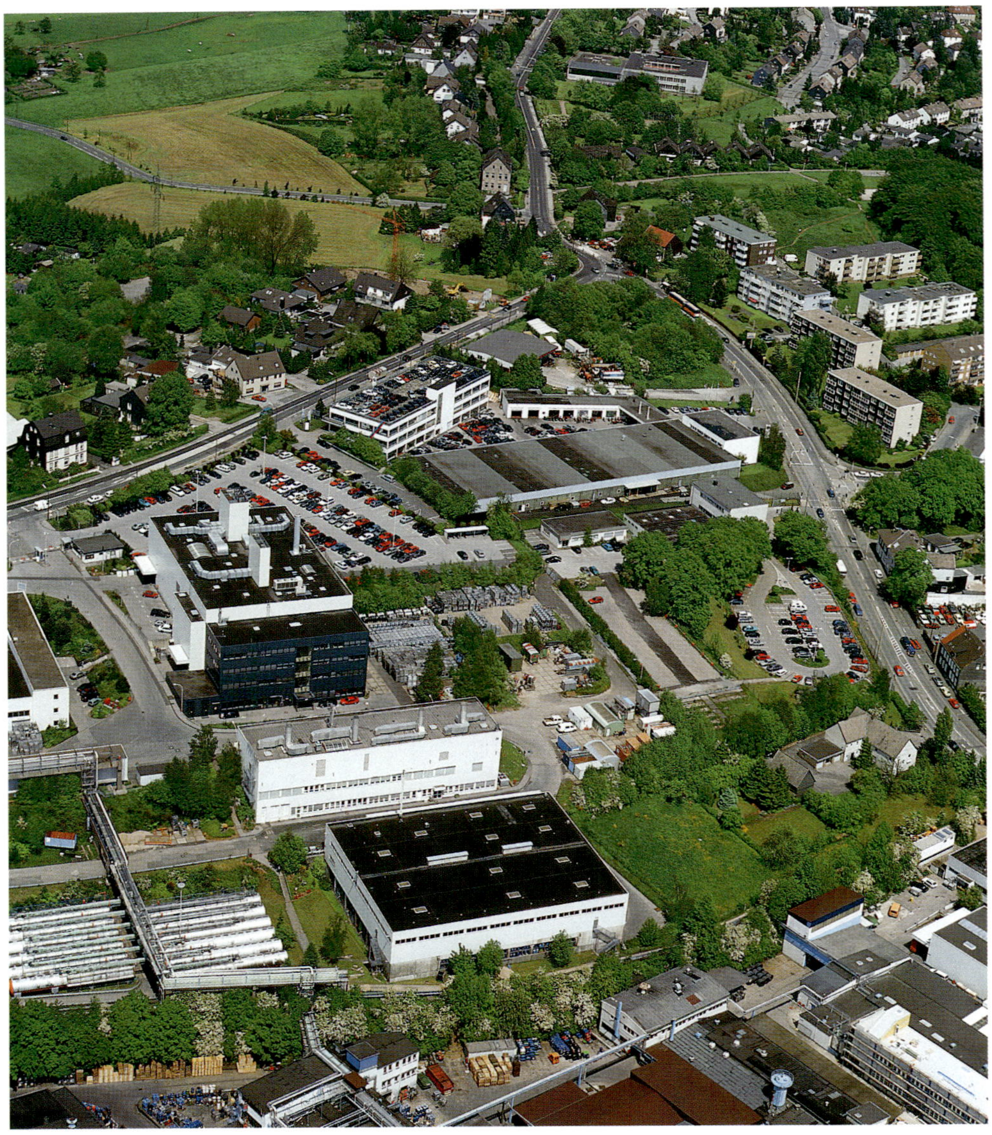

Wuppertal-Hatzfeld

Die Luftaufnahme gibt einen instruktiven Eindruck von der Art und Weise der Flächennutzung im Gebiet Hatzfeld. Deutlich sind Gewerbeflächen, Wohngebiete und unbebaute Naturlandschaft voneinander getrennt. So entstanden Segmente, deren Grenzen durch Straßen markiert werden. Von links kommt die Hatzfelder Straße ins Bild, von rechts die Märkische Straße, ab der Einmündung heißen sie dann Einernstraße. Vorn im Bild Anlagen der Fa. Herberts, dahinter das Autohaus A. Bovenkamp KG.

Wuppertal-Hatzfeld, zwei Wassertürme

Wie zwei ungleiche Brüder stehen sie sich gegenüber, die Wassertürme an der L 433 in Hatzfeld. Ihrem Äußeren ist der Stilwille der jeweiligen Erbauungszeit anzusehen. Der alte Turm entstand 1904, um die Versorgung der Nordhöhen Barmens sicherzustellen. Sein Rundbehälter faßt 216 cbm. Er wurde inzwischen unter Denkmalschutz gestellt, nachdem er seinen Dienst bis zum Jahr 1985 versehen hatte. Der neue Wasserturm mit einer Kapazität von 2500 cbm trägt den Behälter auf einem 5,20 m schlanken Schaft; einschließlich des krönenden Gestänges mißt er 63,60 m Höhe. Der ausladende Wasserbehälter hat einen Durchmesser von 25,80 m.

WUPPERTAL-LANGERFELD

Aus Richtung Beyenburg kommt die B 51 als diagonal verlaufende Straßenführung ins Bild und mündet in die B 7 (Berliner Straße/Höfen). Bemerkenswert, wie viele Grünflächen das Gelände noch immer aufweist. Nicht zuletzt sind es die Kleingärtnervereine, denen in dieser Hinsicht ein besonderes Verdienst zugesprochen werden muß; jenseits des Sportplatzes die Anlage „Am Webersloh".

Wuppertal-Langerfeld

Überraschend zu sehen, wie sich Straße und Schiene bisweilen zu einem eleganten Muster ergänzen können. Zur schnurgerade verlaufenden Eisenbahnstrecke gesellt sich in sanften Windungen die B 7, während eben ein Nahverkehrszug aus der großen Biegung der Nebenstrecke Wichlinghausen–Nächstebreck herausfährt.

Wuppertal-Lichtscheid, Freizeitbad „Bergische Sonne“

Auf einer Fläche von ca. 8600 qm dehnt sich hier eine „Badelandschaft“ aus, die dem Besucher viel mehr als ein Schwimmvergnügen der herkömmlichen Art bieten möchte. Die Anlage ist in ihrer Gestaltung auf die Zielvorstellung gerichtet, daß helle, lichtdurchflutete Räume, der Blick hinaus in die offene Landschaft auf Himmel und Wolken sehr zum Wohlbefinden des Badegastes beitragen können. Eine architektonisch gediegene Gesamtkonzeption offeriert allein 1400 qm Wasserfläche (innen und außen), alle denkbaren Wasserattraktionen, daneben einen Gesundheitsbereich vom Solarium bis zum Whirlpool.

Wuppertal Lichtscheid, Verwaltungsgebäude II der Barmer Ersatzkasse, Hauptgebäude

Im Wuppertaler Süden hat sich an der Lichtscheider Straße die Barmer Ersatzkasse (BEK) mit ihrer neuen Hauptverwaltung II etabliert. Von monumentaler Wirkung der 1983–85 entstandene Hochhausbau mit den vier vorspringenden Trakten, die in verschiedene Richtungen ausgreifen. Der Entwurf stammt von dem Wuppertaler Architekten Dipl.-Ing. Max R. Wenner. Hier und im angeschlossenen Erweiterungsbau arbeiten ca. 900 Angestellte.

Wuppertal-Lichtscheid, Verwaltungsgebäude der Barmer Ersatzkasse, Erweiterungsbau

Der als Hexagon angelegte Erweiterungsbau entstand in den Jahren 1990–92.

Wuppertal-Oberbarmen

Diese Luftaufnahme vermittelt einen Eindruck davon, wie beengt sich die Platzverhältnisse im innerstädtischen Bereich gestalten. Wohngebiete und gewerblich genutzte Flächen befinden sich in direkter Nachbarschaft, wobei Industriebetriebe vorzugsweise die Nähe der Wupper suchten. Das ist in Wuppertal historisch bedingt und geschah aus praktisch-ökonomischen Gründen. Jedoch auch aus verkehrstechnischer Sicht dürfte dieses Foto typisch sein. Die Kreuzung Rauentaler Straße (B 51)/Badische Straße (rechts im Bild) mußte teilweise über die Wupper hinweg ausgedehnt werden; hinzu kommt eine komplizierte Überbrückung durch die Bahnlinie und eine Versorgungsleitung.

Wuppertal-Beyenburg

Dominierend erhebt sich über der Altstadt die Klosterkirche St. Maria Magdalena, heute Kath. Pfarrkirche. Das im rechten Winkel zur Kirche gesetzte Kloster ist jetzt Pfarrhaus. Zur Wupper hin fällt das Gelände steil ab und bot der Altstadt nur wenig Platz zur Entfaltung. An schmalen Straßen aufgereiht, finden sich schmucke, schiefergedeckte Wohnhäuser, im Zentrum vorwiegend in Fachwerk ausgeführt. Sie erscheinen mit viel Sinn für manches Detail liebevoll gepflegt. Die historisch bezeugte Furt lag und liegt heute noch (!) an der Fußgängerbrücke.

Herbringhauser Talsperre

Mit ca. 2,9 Mill. cbm Fassungsvermögen ist der Stausee einer der kleineren im Bergischen Land; er dient ausschließlich der Trinkwasserversorgung des Wuppertaler Stadtteils Barmen und wird im Volksmund gern auch „Barmer Talsperre" genannt. Gebaut wurde die Herbringhauser Talsperre in den Jahren 1898–1900, nach damaliger Tradition mit einem Damm aus Bruchsteinmauerwerk versehen, der eine Breite von 205 m besitzt. Planung und Oberbauleitung lagen in Händen von Prof. Otto Intze.

Blombachtalbrücke

Auf einer Länge von ca. 450 m überspannt die Blombachtalbrücke bei Wuppertal-Ronsdorf gleich mehrere Verkehrsverbindungen, was auch ihre besondere Art der Bogen-Pfeiler-Konstruktion erklärt. Unter dem Bogen verlaufen die A 1 und die Bahnlinie Lennep–Oberbarmen, parallel zu ihnen, im Pfeilerbereich, unterquert die B 51 das imposante Bauwerk. Wie manche andere Stahlbetonbrücke der ersten Generation, die sich auf Wuppertaler Gebiet befindet, geht auch diese eine harmonische Verbindung mit der Landschaft ein.

Remscheid

Von rechts kommend zieht sich die Hochstraße durchs Bild und trifft im weiteren Verlauf auf die Elberfelderstraße (Kreuzung). Wir befinden uns mit dieser Ansicht an der Rückseite des Rathauses, und wegen der besonderen Höhenlage des Stadtbezirks steht hier der alte Wasserturm; rechts der Kreuzung das „Allee-Center", ein universales Einkaufszentrum von wirklich großstädtischem Zuschnitt, in dem auch Kulturelles geboten wird (Veranstaltungen, Ausstellungen). Bei seiner Errichtung 1986 galt das Zentrum als größte diesbezügliche Baustelle Deutschlands. Den mehr als 60 Geschäften stehen hier ca. 20 000 qm Verkaufsfläche zur Verfügung. Eine überdachte Ladenstraße, extravagant mit einer Glaskuppel gedeckt, und ansprechende Restaurants laden zum Verweilen ein.

Remscheid, Zentrum

Graf Engelbert I. von Berg schenkte zwischen 1173 und 1189 dem Johanniterorden Kirche und Jahreszinsen aus einem hier schon lange bestehenden Fronhof namens „Remisgeid". Auch das (Essen-) Werdener Stift besaß im 12. Jh. Besitz innerhalb des heutigen Remscheider Stadtgebietes. Bezeichnend ist Remscheids Höhenlage auf einer 365 m hohen Bergkuppe, die von verzweigten Bachtälern umgeben ist, ein Umstand, der großstädtisches Gepräge lange Zeit verhindern sollte, da Ortsteile nur mühsam zusammenwachsen konnten. 1929 durch Eingemeindung von Lüttringhausen und Lennep zur Großstadt geworden, hat sich hier neben Wuppertal und Solingen ein dritter bedeutender Industriestandort des Bergischen Landes herangebildet (1993: 126 333 Einw.).

Die bereits seit dem 15. Jh. in „Hämmern" und „Schleifkotten" betriebene Feinverarbeitung von Metallwaren schuf die Grundlagen der gegenwärtig dominierenden Werkzeugindustrie (Deutsches Werkzeugmuseum). Vergessen werden darf keineswegs der Name Mannesmann, der zu einem Unternehmen gehört, dessen Entwicklung in Remscheid mit einer Feilenfabrik (1840) seinen Ausgang nahm und nach Erfindung der nahtlosen Rohre zu den führenden deutschen Röhrenproduzenten aufsteigen sollte. Während des 19. Jh. einsetzende, weltweite Handelsbeziehungen ließen die volkstümliche Bezeichnung „Seestadt auf dem Berge" entstehen.

An vielen Stellen konnte die Industriestadt jedoch noch ihr „grünes Kleid" bewahren; immerhin ist gut ein Viertel des Stadtgebietes von Wald bedeckt.

Um den Theodor-Heuss-Platz im Stadtzentrum, auf dem auch Wochenmärkte abgehalten werden, gruppieren sich Rathaus, Sparkasse (vorn) und Allee-Center. Der Rathausbau entstand 1902–06 nach Plänen von Hertwig und Berns in den Formen des Bergischen Heimatstils, dessen Kennzeichen wuchtige Baumassen mit einer Fassadengestaltung aus heimischer Grauwacke sind. Weithin sichtbar prägt der Rathausturm mit seinem Zwiebeldach und der aufgesetzten Laterne die Remscheider Stadtsilhouette. Seine enorme Höhe läßt ihn durchaus in Konkurrenz mit dem Wasserturm an der Hochstraße treten.

Remscheids Zentrum wurde 1943 durch Luftangriffe zerstört, was die weitgehend neue Bebauung in diesem Bereich erklärt. Ein neuer, städtebaulich gediegener Kontrapunkt zu Sparkasse und Rathaus kam in den 80er Jahren an der Nordseite des Theodor-Heuss-Platzes hinzu: das Alleé-Center.

Remscheid, Eschbach-Talsperre

Unmittelbar neben der Autobahn A 1 erstreckt sich südöstlich der bergischen Industriestadt Remscheid die Eschbachtalsperre. Dieser Stausee war der erste überhaupt, der in Deutschland zu Ende des 19. Jh. gebaut worden ist (1889–91). Für den Entwurf zeichnete der später als „Pionier des deutschen Talsperrenbaues“ benannte Aachener Geheimrat und Hochschulprofessor Dr. Otto Intze verantwortlich, durch den auch die Pläne für weitere 24 Stauseen innerhalb des damaligen deutschen Reichs angefertigt werden sollten.

Der Bau von künstlich aufgestauten Seen ergab sich im wesentlichen aus vier Notwendigkeiten: Trinkwasserversorgung, Hochwasserschutz, Bereitstellung von Betriebs- und Brauchwasser, Gewinn elektrischer Energie. Im Hinblick auf die Trinkwasserversorgung bedeutete die Anlage eines Stausees für das Gebiet die Unabhängigkeit von meist nicht in ausreichender Menge vorhandenem Grundwasser. Regelmäßige Flächenwasserversorgung, wie sie nun für die Verbraucher möglich wurde, bot zudem ein höheres Maß an Verläßlichkeit.

Die Remscheider Talsperre – wie später auch alle weiteren – stattete Prof. Intze mit einem Bruchsteindamm aus, dessen Länge 160 m beträgt. Mit einem Fassungsvermögen von 1,065 Mill. cbm gehört sie zu den kleineren des Bergischen Landes. Schon bei der Einweihung durch Prinz Friedrich Leopold von Preußen am 15. Juli 1897 lobte man die herrliche Umgebung der „Stauweiheranlage“. Heute ist diese Stelle sicher etwas belebter geworden, dazu haben Autobahn und Raststätte beigetragen. Die Landschaft büßte dagegen nur wenig von ihrem Reiz ein.

WINTERWALD AN DER WUPPER

PANZERTALSPERRE BEI REMSCHEID-HASENBERG

Die zweitälteste Talsperre des Bergischen Landes liegt (wie die älteste auch) bei Remscheid. Sie ist mit ihrem Fassungsvermögen von 0,3 Mill. cbm einer der kleinen Stauseen des Gebietes. Die Staumauer, an deren Entwurf die beiden Wasserbaufachleute Otto Intze und Albert Schmidt aus Lennep beteiligt waren, wurde in den Jahren 1891–93 errichtet. Der kleine Stausee dient der Trinkwasserversorgung. Auf einem etwa zwei Kilometer langen Wanderweg kann man die Talsperre mühelos umrunden und dabei die herrliche Waldlandschaft genießen. – Im Hintergrund sieht man den Stadtteil Hasenberg.

Remscheid-Lennep

Der kreisförmige Grundriß des alten Stadtkerns von Lennep, wird besonders deutlich, wenn man ihn wie hier, aus der Vogelschau betrachten kann. Strahlenförmig führen die Straßen vom Alten Markt bis an die Peripherie; im Zentrum läßt sich die Ev. Kirche (1756) ausmachen. Diese Topographie findet ihre Begründung darin, daß Lennep nach Erlangen der Stadtrechte 1276 ein durch Mauern geschützter Siedlungsort geworden war, der sich rasch unter den anderen bergischen Städten eine besondere Rangstellung erwerben konnte.

Im frühen Mittelalter zur Münz- und Zollstätte (1371) aufgestiegen, blühte der Handel mit Eisenwaren aus heimischer Produktion. Danach wurde Lennep zum Umschlagplatz für Tuche, nachdem sich das Tuchmachergewerbe zu Beginn des 15. Jh. erfolgreich etabliert hatte und seine Existenz bis hin zu unserem Jahrhundert aufrechterhalten sollte. Zwei Brände (1563, 1746) legten die Stadt in Schutt und Asche. Dank guter Erträge aus dem Tuchmacherhandwerk jedoch erreichte man binnen kurzer Zeit den Wiederaufbau. 1929 wurde die Stadt nach Remscheid eingemeindet.

Der gebürtige Lenneper Wilhelm Conrad Röntgen (1845–1923) entdeckte 1895 die Gamma-Strahlen, 1901 erhielt er als erster den Nobelpreis für Physik. Zur Erinnerung an seine Arbeit entstand das „Deutsche Röntgenmuseum", das im Haus Schwelmer Straße 41 untergebracht ist, einem 1803 von dem Tuchfabrikanten Ölbermann im Empire-Stil errichteten Gebäude.

Remscheid, Firmengelände der Barmag AG

Die Barmag AG in Remscheid-Lennep zählt zu den weltweit führenden Herstellern von Maschinen für textile Garne und Chemiefasern. 80 % ihres Umsatzes erzielt die Firma heute auf Märkten außerhalb Deutschlands, Hauptabnehmer ist dabei mit erstaunlichen 25 % die Volksrepublik China. Das Hauptwerk in Lennep an der B 229/B 51 (links) beschäftigt ca. 4000 Mitarbeiter. Jenseits des Werksparkplatzes liegt der Stadtteil Hasenberg.

Wupper-Talsperre bei Remscheid-Lennep

Erste Planungen zur Wupper-Talsperre gab es bereits 1912, denn die beiden Hochwasserkatastrophen von 1890 und 1909 hatten gezeigt, wie unberechenbar der Fluß während der Winter- und Frühjahrsmonate werden konnte. In sehr trockenen Sommern (1959) dagegen hatte die Wasserführung gerade einmal bis Oberbarmen gereicht. Lange ließen dann aber die dringend erforderlichen Regulierungsmaßnahmen durch Errichtung einer Talsperre auf sich warten.

Als 1962 unter Leitung des inzwischen gegründeten Wupperverbands die Bauarbeiten anliefen, waren zunächst zwei Straßen zu verlegen: die B 229 (Lennep–Radevormwald) und die L 412 (Bergisch Born–Radevormwald). Von den für die B 229 benötigten vier Brücken sollte sich die längste über 364 m erstrecken und 48 m hoch werden. In den Jahren 1982–1987 erfolgte die Errichtung der Hauptsperrmauer bei der Ortschaft Krebsöge. Mit 22,9 Mill. cbm Fassungsvermögen wurde der Stausee zum drittgrößten des Bergischen Landes.

Weitverzweigt erstreckt sich die Wasserfläche – gesäumt von kleinen Wäldchen – über ein Gebiet von 227 ha und zeichnet die Windungen der Wupper nach. Vorn im Bild die imposante 286 m lange und 40 m hohe Sperrmauer; gut erkennbar die Überquerung der B 229; in der Ferne die gebogene Krähwinkler Brücke. Auf dem Abhang links liegt das Dorf Honsberg.

Radevormwald

Der Blick auf die Altstadt verrät, daß auch Radevormwald im Mittelalter gegen das Umland durch eine Mauerbefestigung abgesichert war. Sind auch die Mauern längst verschwunden, so bleibt die nahezu kreisrunde Formung immer noch gut erkennbar, denn Straßen zeichnen ihren Verlauf getreu nach. Die heutige Anlage dieses Stadtteils geht auf das Jahr 1802 zurück, als nach einer verheerenden Brandkatastrophe (24. Aug.) erhebliche Veränderungen in der Parzellierung entstanden waren. Breitere Straßen rückten an die Stelle der engen alten Gassen, gesäumt von hübschen klassizistischen Bürgerhäusern. Doch auch schon im ausgehenden Mittelalter war Radevormwald zweimal fast völlig abgebrannt (1525, 1571), und hessische Truppen hatten im 30jährigen Krieg durch Schleifen der Stadtmauer erheblichen Schaden angerichtet.

Im 11. Jh. noch „rotha“ genannt, trat der volle Stadtname erstmals im 14. Jh. auf, und zu jener Zeit (1376) erfolgte auch die Verleihung des Marktrechts. Der quadratische Marktplatz – Kreuzungspunkt von Straßen und Gassen – wird dominiert von der etwas zurückgesetzten Ev. Ref. Kirche (1804), die an der Stelle einer 1310 bezeugten Pfarrkirche St. Gangolf steht, nicht weit entfernt der weiß getünchte Bau der Ev. Luth. Kirche (1804).

RADEVORMWALD, VOGELSMÜHLE

Der Wupperlauf ist durch eine Vielzahl von Windungen gekennzeichnet; nicht oft jedoch kommt es dazu, als bewege sich das Flüßchen wieder in die Richtung, aus der es gekommen ist. Nachezu geschlossen wirkt diese Wupperschleife im Bereich des Ortsteils Vogelsmühle. Im Flußtal drängen sich die Produktionshallen der ehemals hier ansässigen Textilfabrik Schürmann & Schröder. Das Werk befand sich auf historischem Gewerbestandort, denn bereits im 17. Jh. nutzte man hier Wasserkraft bei der Metallverarbeitung.

Seit 1992 findet die Umwandlung der Anlage in ein neuartiges Gewerbezentrum statt, in dem Kleinbetriebe unterschiedlichster Art, aber ebenso Wohnungen eingerichtet werden.

Radevormwald, Uelfe I

Entlang der B 483 entwickelte sich am Ortsrand von Radevormwald (Uelfe I) ein Gewerbegelände, in dessen Bereich die Fa. ALDI ein größeres Auslieferungslager errichtet hat. Es liegt unmittelbar an der Bundesstraße.

Hückeswagen, Altstadt

Was für das Aussehen eines bergischen Städtchens, dessen Geschichte tief im Mittelalter einsetzt („Hukengeswage", 1085), typisch sein kann, gibt die Ansicht des historischen Kerns wieder. Siedlung, Kirche und Schloß breiten sich auf einer Anhöhe aus, die nur dort, wo Baumgruppen das Schloß säumen, steil zum Tal hin abfällt. Wie so oft überwiegt auch hier das „Bergische Schiefergrau" von Dächern und Hauswänden, zu denen die weißen Fensterrahmen den Kontrast bilden. Zwei Straßen führen vom Tal, wo die B 237 verläuft (Hintergrund), herauf und erschließen die Altstadt. Der Markt (vorn links) sammelt die Wege. Von hier aus erstreckt sich die Marktstraße in Richtung Pauluskirche (ev. 1783–86), womit wir den höchsten Punkt der Altstadt, auf dem sich die Grafen von Hückeswagen Anfang des 12. Jh. ihre Stammburg gebaut haben, erreichen. Wie es heißt, waren diese ein recht selbstbewußtes Geschlecht. Nur widerwillig sollen sie sich den übermächtigen Grafen von Berg gebeugt haben, als man Anspruch auf ihren Besitz geltend gemacht hatte. Danach baute man die Burg zum Schloß aus, das den Nachfahren derer von Berg fortan als Wohnung diente; der Ostflügel wurde zur Kirche. Heute sind hier Rathaus und Heimatmuseum (Küferwerkstatt, bergische Wohnkultur) untergebracht.

Hückeswagen, Fa. Klingelnberg

Die metallverarbeitende Industrie gehört im Bergischen Land zum Kernbereich gewerblicher Wirtschaft und besitzt vielerorts eine Schlüsselfunktion; so auch die Fa. Klingelnberg Söhne GmbH, Werkzeugmaschinen, Hückeswagens größer Arbeitgeber (ca. 2000 Mitarbeiter); hinter den Werkshallen der Verlauf der Wupper.

Hückeswagen, Fa. Müller & Engels

Eines der wenigen alten Fabrikgebäude, die in Hückeswagen noch erhaltengeblieben sind, ist dasjenige, in dem sich heute die Fa. Müller & Engels, Verpackungsmaschinen, befindet. Zwei flankierende Türme vervollständigen die kleine, einer Burg nicht ganz unähnliche Werksanlage, die 1879 von ihren Erbauern in der idyllischen Tallage an der Wupper errichtet worden ist.

Bevertalsperre bei Hückeswagen

Die vielen Arme des Stausees greifen weit in die reizvolle Landschaft östlich von Hückeswagen aus. Für Wassersportler wurde der künstliche See seit den 50er Jahren immer mehr zum Eldorado, und wie man sieht, haben sich hier inzwischen größere Feriensiedlungen und Campingplätze gebildet (Halbinsel). Auch die Bevertalsperre hatte man ursprünglich zur Regulierung des Wasserflusses der Wupper angelegt, sie wurde in den Jahren 1935–39 um das Siebenfache vergrößert. Die alte, noch von Prof. Otto Intze konstruierte Bruchsteinmauer versank zunächst in den Fluten, wurde 1959 aber endgültig beseitigt, denn für den Aufstau der gewaltigen Wassermenge von 23,7 Mill. cbm sorgte nun der 41,5 m hohe und 496 m lange Naturdamm (vorn).

Wipperfürth, Altstadt

Sehr deutlich schält sich in der Gesamtansicht aus der Luft die Altstadt heraus. Wenn man den rechts im Bild sichtbar werdenden Marktplatz einmal als Zentrum ansieht, so erstreckt sich zu seiner Linken ein dicht bebautes Areal, von Gassen durchzogen. Dieser sich nach Westen hin verjüngende Teil der Altstadt weist noch die typischen verschieferten Wohnhäuser auf. In geordneter Einheitlichkeit stehen sie beieinander. Vor allem der nördliche Rand markiert die alte, durch eine Stadtmauer gezogene Eingrenzung noch deutlich. Sehr unschön, daß sich die Industrie bis an dieses Gebiet herangeschoben hat: der Preis expandierender Wirtschaftskraft unter beengten Verhältnissen, wie sie nun einmal im Bergischen häufig vorkommen.

Als erste Ansiedlung im Bergischen Land erhielt „Weperevorthe" 1222 Stadtrechte, bestand doch hier, wie der Name schon sagt, eine Furt durch die Wipper, und, was vielleicht von größerer Bedeutung war: Hier kreuzten sich zwei historische Fernstraßen, die „Heerstraße" (Köln–Westfalen) und die „Eisenstraße" (Siegerland–Solingen). Ab dem 14. Jh. gehörte die Stadt zur Hanse; seit dem Mittelalter blühten Textilgewerbe und Tuchhandel. Schon 1267 gibt es hier ein entsprechendes Kaufhaus.

Die Altstadt befindet sich optisch betrachtet im Spannungsfeld zweier Kirchen. Gerade noch ist der Turm von St. Nikolaus erkennbar, einer dreischiffigen romanischen Pfeilerbasilika (1220/30), die als Bauwerk im Bergischen Land ihresgleichen sucht. Auf dem Krakenberg – die grüne Anhöhe im Vordergrund – erbauten Franziskanermönche Kirche und Kloster St. Antonius v. Padua (1670–74). Ihre Präsenz war Ausdruck gegenreformatorischen Wirkens innerhalb dieser vom Protestantismus dominierten Landschaft.

Wipperfürth-Agathaberg

Die Geschichte des Dorfes Agathaberg beginnt mit dem Bau der steinernen Kapelle, welche die Bürger von Wipperfürth wenige Jahre nach dem großen Stadtbrand 1465 südöstlich ihrer Stadt auf der einsamen Hochfläche errichteten. Sie war der hl. Agatha geweiht. Auch steht die Gründung in Verbindung mit einer Wallfahrt zum Grab der Heiligen nach Catania/Sizilien. Der Chor dieser Kapelle blieb erhalten und wurde in die 1894 neuerbauten Teile der jetzigen Kirche integriert. Eine Entdeckung bedeuteten 1961 die freigelegten Wandmalereien in den Chornischen. Dabei kamen u. a. ein Brustbild des Schmerzensmannes und schöne Pflanzenmotive zum Vorschein.

Kerspetalsperre bei Wipperfürth

Selten ergibt sich die Gelegenheit, einmal eine völlig leergelaufene Talsperre zu sehen, wie es bei der hier gezeigten Kerspetalsperre der Fall ist, die wegen Renovierungsarbeiten im Sommer 1995 trockengelegt worden war. Kaum erkennbar mäandert der kleine Wasserlauf der Kerspe durchs Tal, wo sonst die riesige Wassermenge von 15,5 Mill. cbm aufgestaut wird. 1909–12 angelegt, dient der Stausee ausschließlich der Trinkwasserversorgung und ist für Besucher nicht zugänglich.

Marienheide, Zentrum

Die Gemeinde im Herzen des Oberbergischen Landes ist heute Luftkurort und Wintersportplatz zugleich. In weitem Bogen zieht sich die B 256 durch die Ortsmitte mit dem neuen Geschäftszentrum, das sich mit seinen versetzt angeordneten Gebäuden aber gut ins Gesamtbild einfügt. Gegenüber liegt die Wallfahrtskirche St. Mariä Heimsuchung (2. Hälfte 15. Jh.), eine gotische Hallenkirche, die das wundertätige Gnadenbild beherbergt, von dem es heißt, der Klausner Henricus habe es 1417 von Köln nach „Mergenheyde" gebracht. 1423 ließ sich hier ein Dominikanerkonvent nieder, nachdem Graf Gerhard von der Mark dem Orden das Gebiet um Marienheide unter der Auflage geschenkt hatte, daß die Mönche dort ein Kloster errichten. Kirche und Klostergebäude bilden eine bauliche Einheit; nebenan mit den drei Satteldächern die kath. Kirche St. Ludwig Maria Grignon von Montfort.

Bruchertalsperre bei Marienheide

Zu einem regelrechten Ferienzentrum entwickelte sich dieser kleine Stausee (3,5 Mill. cbm Fassungsvermögen) innerhalb der letzten Jahre. Gleichwohl ist diese Talsperre die höchstgelegene des gesamten Bergischen Landes. In gefülltem Zustand befindet sich ihr Stauspiegel 369 m über Meereshöhe. Sie entstand 1912–14 zur Wupperregulierung.

Schloss Gimborn bei Marienheide

Abgeschieden liegt das Wasserschloß in der Waldeinsamkeit des oberen Leppetales. Seine Geschichte ist mit einer langen Reihe wechselnder Besitzer verbunden. Es beginnt im 13. Jh. mit den Grafen von Berg, die bis zum Jahr 1550 von den Geschlechtern von Mark, von Krüwel, von Burtscheid, von Nesselrode und von Harff abgelöst werden. Durch Heirat gelangt das mainfränkische Geschlecht von Schwarzenberg an das Besitztum. Innerhalb weniger Jahre schafft es diese Familie aufgrund militärischer Verdienste in den Grafenstand, schließlich zu Fürsten erhoben zu werden. Adam von Schwarzenberg verfolgt eine Politik des rigorosen Landerwerbs. Als erster brandenburgischer Minister ist er einflußreich und besitzt Rückendeckung durch den Kaiser. Bis 1631 hat er die nördliche Hälfte des Oberbergischen Kreises seinem „Imperium" einverleibt. 1670 verlassen allerdings die Schwarzenberger Gimborn und ziehen nach Wien. Die prunkvolle Hofhaltung finanzieren sie durch Steuereinkünfte aus ihrem bergischen „Miniaturstaat".

Schloß Gimborn als Wasserburg entstand in den Jahren 1602–12 als eine großzügige Erweiterung der mittelalterlichen Wehrburg. Eine Quelle unter dem alten Wehrturm speist noch immer das Grabensystem. Zubauten des 19. Jh. z. B. der toskanische Laubengang am Hauptgebäude und die Anlage des englischen Gartens waren zeitbedingte Verschönerungen. Heute lebt hier die Familie von Fürstenberg, ein Teil des Schlosses wird von der „International Police Association" als Tagungsstätte genutzt. Die Pfarrkirche St. Baptist (links am Waldrand) wurde 1867 nach Plänen des Kölner Architekten Vincenz Statz erbaut.

Grosse Dhünntalsperre

Ein grandioses Landschaftsbild bot der Flug über die Große Dhünntalsperre an diesem wolkenlosen, unbeschreiblich klaren Herbsttag. Der mit 81 Mill. cbm Inhalt größte Stausee des Bergischen Landes entstand als das wohl letzte in der Region noch mögliche Projekt, was der Wupperverband als zuständiger Träger der Anlage in zehnjähriger Bauzeit realisierte (1975–85). Die südlich von Wermelskirchen gelegene Talsperre gilt als Deutschlands größtes oberirdisches Trinkwasserreservoir, von dem die Städte Wuppertal, Remscheid, Solingen und Leverkusen anteilig versorgt werden. Als günstig für die Zweckbestimmung erwies sich das nur schwach besiedelte Umland. Imposant auch einige technische Daten: Die gesamte Wasserfläche beträgt 4,4 qkm, der Staudamm besitzt eine Höhe von 60 m sowie eine Länge von 400 m. Von dort aus kann man auf schönem Wanderweg entlang der Dhünn in gut einer Stunde den Altenberger Dom erreichen.

Grosse Dhünntalsperre im Januar

Schnee- und Waldflächen wechseln einander ab, rahmen gewissermaßen den Stausee ein, um sich dann in der eisigen Weite des Horizontes zu verlieren.

WERMELSKIRCHEN-DHÜNN

Südlich von Wermelskirchen liegt die kleine Ortschaft Dhünn mit der um 1300 erstmalig bezeugten Ev. Kirche. Wenige Kilometer entfernt beginnt der größte Stausee des Bergischen Landes, die Große Dhünntalsperre.

Wermelskirchen, Stadtzentrum

Ähnlich wie das benachbarte Remscheid erlebte auch Wermelskirchen während des 19. Jh. einen starken wirtschaftlichen Aufschwung (Textil- und Schuhwarenfabrikation). Heute findet sich eine stattliche Anzahl kleinerer und mittlerer Betriebe über das Stadtgebiet verteilt, vorwiegend der metallverarbeitenden Branche zugehörig. Der alte Stadtkern um die Ev. Kirche ist nur zum Teil erhalten, neue Wohn- und Geschäftshäuser säumen die Straßen. Unklar ist die Gründungszeit der Stadt (9. oder 11. Jh.); der Kirchturm datiert von etwa 1200.

Berühmter Sohn Wermelskirchens ist Carl Leverkus, der hier 1804 geboren wurde. 1834 gründete er hier die erste deutsche Ultramarinfabrik, verlegte sie 1862 an den Rhein, was ihm ökonomischer erschien, womit die Basis der späteren Bayer-Werke gelegt war und schließlich zur Entstehung der Stadt Leverkusen beigetragen hat.

Wermelskirchen, Fa. Ortlinghaus

An der Peripherie liegen die Produktionshallen der Metallwarenfabrik Ortlinghaus, eines der größten Unternehmen in Wermelskirchen.

ALTENBERGER DOM

Das berühmteste unter den sakralen Bauwerken des Bergischen Landes ist der Altenberger Dom, ein historisches Kleinod, zugleich eine der bedeutendsten deutschen Kathedralen der Gotik, die es mit jedem anderen der in Frankreich so überaus reich vorhandenen Beispiele dieser Art aufnehmen kann. Daß die Kirche gemeinhin als Bergischer Dom bezeichnet wird, hat eigentlich nicht seine Richtigkeit, denn ein Dom ist eine Bischofskirche; die aber war Altenberg nie. Weit über 800 Jahre reicht die Baugeschichte von Kirche und Kloster zurück und knüpft sich zudem eng an die Geschichte bergischer Grafen und Herzöge, deren Grablege der Dom werden sollte. Als Graf Adolf I. von Berg 1133 seine Stammburg Altenberg dem französischen Kloster Morimond stiftet, kommen bald 12 Zisterziensermönche unter Abt Berno, um die Schenkung in Besitz zu nehmen, verlegen aber schon vor 1145 ihren Sitz ins Tal der Dhünn und beginnen dort mit dem Bau einer romanischen Basilika (Vollendung 1160). Durch Erdbeben wird der Bau 1222 schwer beschädigt, danach teilweise abgerissen, 1259 legen Abt Giselher und Graf Adolf VI. von Berg den Grundstein der heutigen Kirche (Chorweihe 1287), die dann erst 1379 vollendet werden kann. Der Ordensregel folgend fällt der Bau schlicht aus; die einsame Lage macht zwar den Glockenturm überflüssig, doch verzichten wollten die Mönche nicht auf wunderbare Glasmalerei im großen Westfenster.

Nach dem 30jährigen Krieg verliert die Abtei an Bedeutung. Umschichtungen der politischen Lage 1803 bringen es mit sich, daß die Abtei nach ihrer Auflösung zur käuflichen Immobilie gerät, schließlich zur Ruine verfällt (1815). Erst auf Betreiben des preußischen Prinzen Friedrich Wilhelm III. erkennt man aufs neue den kulturhistorischen Wert des Bauwerkes und restauriert es; fortan wird der Dom eine Simultankirche, in der beide Konfessionen Gottesdienst abhalten können, eine Setzung, an der man bis zum heutigen Tag festhält. Verantwortung für die bauliche Instandhaltung trägt das Landesamt für Denkmalpflege in Köln, für finanzielle Unterstützung dieser „immerwährenden Baustelle“ sorgt u. a. der Dom-Verein. Gegenwärtig laufen wieder umfangreiche Restaurierungsarbeiten, andauern werden sie bis zum Jahr 2003.

Burg Strauweiler bei Odenthal

Einsam im Tal der Dhünn gelegen und von dichten Wäldern umgeben, scheint es, als grüße Burg Strauweiler aus einer fernen Zeit zu uns herüber. Ihr hervorragender Bauzustand erklärt sich daraus, daß ihre Besitzer stets auch hier wohnten und einen Sinn für die Erhaltung von Traditionen gezeigt haben. Die Anfänge der Baugeschichte liegen zwar im Dunkeln, man sieht jedoch im Wohnturm mit seinen Ecktürmchen den ältesten, wohl um 1300 entstandenen Teil der Burg, der vielleicht auf die Gründung durch die Herren von Udinara zurückgeht. 1347 ist ein Ministerialer Henrig von Vairingh genannt Struwilre (Strauweiler) belegt, 1390 bekommt Wilhelm von Quad die Burg vom Bergischen Herzog zu Lehen, danach wechselt sie an die Familie von Hall. 1416 geht in einer Fehde mit dem Kölner Erzbischof der Wohnturm in Flammen auf und wird durch Johann von Quad (1440) wieder aufgebaut. Eine namhafte Persönlichkeit unter den späteren Besitzern ist Joh. Adolf Wolff gen. Metternich, Reichsfreiherr, Erzieher des Prinzen am bayerischen Hof zu München und Hofmarschall des Kölner Erzbischofs, der die Burg 1656 zum Amtssitz der Unterherrlichkeit Odenthal ausbaut. Seit 1955 lebt auf Strauweiler Prinz Hubertus zu Sayn-Wittgenstein-Berleburg mit seiner Familie.

Leverkusen-Wiesdorf

Bis in die 20er Jahre hinein führte Wiesdorf wie auch die anderen Dörfer der Umgebung ein beschauliches Dasein. Als 1930 diese Orte dann zur Stadt Leverkusen zusammengefaßt wurden, war der Gedanke an eine Zentralisierung noch Zukunftsmusik. Erst in den 70er Jahren ging man an die Schaffung einer neuen Mitte heran. Gleichsam von Reißbrett aus verpaßten die Stadtplaner dieser mittlerweile weltbekannten Chemie-Metropole ein adäquates, längst fällig gewordenes Zentrum, das seine Bezeichnung wirklich verdient. Man begann mit dem Einkaufszentrum „City" (rechts oben) sowie dem „Forum" (1969), einer eigenwillig angelegten Mehrzweckhalle. Die verkehrsgünstige Erschließung von außen her geschieht über eine tiefergelegte Stadtautobahn. Forum und Busbahnhof sind mittels der Y-förmigen Fußgängerbrücke (oben) an das Stadtzentrum angebunden. Extravagant nimmt sich der Bau des neuen Rathauses am Friedrich-Ebert-Platz aus; in der Nähe noch zwei moderne Kaufhausbauten.

Leverkusen, Autobahnausfahrt

Auf der stark befahrenen A3 hat sich bei Leverkusen in Fahrtrichtung Köln ein Totalstau gebildet; links oben der Stadtteil Manfort.

Leverkusen, Werksgelände der Bayer AG

Diese Ansicht erlaubt einen nahezu vollständigen Überblick über das Werksgelände, auf dem übrigens auch der Foto-Konzern Agfa Gevaert AG seinen Hauptsitz hat (Gebäude am Park, Mitte rechts). Im Vordergrund kommt der „Japanische Garten" (15 000 qm) ins Bild, eine Oase neben den Industrieanlagen. Er geht auf eine Initiative des Dr. Carl Duisberg zurück, der hier, in der Nähe seiner Villa, 1913 die erste Grünanlage entstehen ließ. Nach und nach ist daraus ein zauberhafter Garten mit asiatischem Flair geworden: Teiche, Tempel, Statuen und natürlich üppig sprießende Pflanzungen locken Jahr für Jahr Tausende von Besuchern an. Unter dem quadratischen Dach vor dem Hochhaus befindet sich das Bayer-Kommunikationszentrum.

Leverkusen, Bayer AG

Als Dr. Carl Leverkus (1804–89) im Jahr 1862 seine im bergischen Wermelskirchen gegründete Ultramarinfabrik nach Wiesdorf an den Rhein verlegte, war dies aus zweierlei Gründen geschehen: die günstigere Verkehrslage sowie die ausreichend zur Verfügung stehende Brauchwassermenge, die der Produtionsprozeß erforderlich machte. 1891 erwarb dann das Wuppertaler Unternehmen Farbenfabriken Bayer & Co den Industriekomplex am Rhein von Leverkus' Nachfolgern und firmierte fortan unter dem Namen Bayer. Weltgeltung verschaffte sich die I. G. Farbenindustrie Bayer AG, wie man sich später nannte, unter dem Aufsichts- und Verwaltungsratsvorsitzenden Dr. Carl Duisberg (1861–1935), der das Unternehmen seit 1895 geleitet hat. Die Farbenherstellung wurde nun auch durch Arzneimittel- und Chemieprodukte ergänzt.

Heute erstrecken sich die Bayer-Werke auf einer Länge von rund 3 km entlang dem Rheinufer und beanspruchen 2,5 qkm Gelände. Fast unübersehbar erscheint die Vielzahl der Produktionsanlagen dieses Chemie-Giganten, der 36 000 Mitarbeiter beschäftigt. Das dominierende Verwaltungshochhaus (Architekten Hentrich und Petschnigg) besitzt 35 Stockwerke, drei davon liegen unterirdisch.

Leverkusen, Schloss Morsbroich

Aus der Vogelschau betrachtet wirkt die Gesamtanlage von Schloß Morsbroich mit ihrem umgebenden Wassergraben wie eine kreisrunde Insel in der Landschaft. Als hier der Lehensmann Ritter Udo von Moir um 1225 eine Burg bauen ließ, war das Gelände am Ufer der Dhünn noch Sumpfgebiet. Der Name verrät diesen Sachverhalt (Broich = Bruch = Sumpf). 1516 gelangt Morsbroich an den Deutschen Orden und ist von 1619–1805 Kommende der Deutschen Ordensritter. Freiherr von Nesselrode, der erste Komtur, errichtet ein Herrenhaus.

Das heutige Aussehen des Schlosses geht auf den Freiherrn Felix von Roll (1719–1795) zurück, der mit den 1774 begonnenen Umbauarbeiten eine architektonische Konzeption des franz. Spätbarocks verwirklicht hat, die darauf hinauslief, das Herrenhaus nach Art einer „Maison de Plaisance" zu gestalten, eines Lust- und Jagdschlosses also. Innen wie außen verhalten sich alle Gebäudeteile streng symmetrisch. Der Frontseite gegenüber gruppieren sich im Halbrund die Wirtschaftsgebäude, auf der Rückseite befindet sich ein französischer Garten.

1805 setzt Napoleon hier seinen Schwager Felix Murat ein und macht Morsbroich samt Landbesitz für kurze Zeit zur Grafschaft. Im 19. Jh. befindet sich das Schloß im Besitz des Großbürgertums; man läßt es um zwei Anbauten erweitern. Eine völlig neue Funktion bekam Schloß Morsbroich seit 1974, als es in den Besitz der Stadt Leverkusen überging und seitdem zum kulturellen Glanzpunkt aufstieg. Alle Gebäude beherbergen inzwischen eine beachtliche Sammlung moderner Kunst; die Schloßanlage wurde im wahrsten Sinne zur „Museumsinsel".

Bergisch Gladbach, Zentrum

Seit 1856 Stadt und 1933 Verwaltungssitz des Rheinisch-Bergischen Kreises, ist Bergisch Gladbach inzwischen zu einer größeren Mittelstadt herangewachsen. Seine weiträumige Ausdehnung dort, wo sich das Bergische Land aus den östlichen Kölner Vororten erhebt, erklärt sich aus dem Zusammenwachsen vieler verstreut liegender Siedlungsplätze. An die 100 Dörfer und Weiler haben dazu beigetragen. Unterschiedlichste Fertigungsbetriebe in großer Zahl – an erster Stelle die Papierfabrikation – machen heute die Stadt zum wichtigen Industriestandort.

Die Abbildung zeigt den Konrad-Adenauer-Platz im Zentrum von Bergisch Gladbach mit der neuromanischen Kirche St. Laurentius (1845–47), die Zanders-Anlagen (vorn) und das Bürgerhaus mit auffallend roter Flächengestaltung. Im imposanten Hochhauskomplex ist das Rathaus untergebracht.

Bergisch-Gladbach, Werk Gohrsmühle der Fa. Zanders Feinpapiere AG

Seit dem ausgehenden 16. Jh. bestimmt das Papiermacherhandwerk das wirtschaftliche Geschehen in Bergisch Gladbach. Inbesondere sind es zwei Papiermühlen im Strundertal gewesen, denen man die Grundlage für die später erfolgte industrielle Fertigung verdankt. 1582 erteilt Herzog Wilhelm V. von Berg der „Schnabelsmühle" und 1595 auch der „Gohrsmühle" das Privileg zur Papierherstellung, später folgt noch die Mühle „Dombach". Als Johann Wilhelm Zanders im Jahr 1829 die „Schnabelsmühle" ankauft, setzt er damit die erste industriell betriebene Herstellung von Papier im hiesigen Raum in Gang. Während der nachfolgenden Jahre kommen die anderen Mühlen hinzu.

Heute gehört die Zanders AG zu den zehn größten Unternehmen der deutschen Papierwirtschaft. Das hier abgebildete, nahe dem Stadtzentrum gelegene Werk Gohrsmühle (2160 Mitarbeiter) produziert eine breite Palette von Feinpapieren. Die jährliche Produktionskapazität beläuft sich auf ca. 340 000 t (1995). Der gesamte Betrieb dehnt sich über ein Gelände von etwa 420 000 qm aus. Ein eigenes Kraftwerk sorgt für den Energiebedarf. Den hohen Anfall von Abwasser – bei der Papierherstellung unumgänglich – reinigt man mit Hilfe der eigenen Kläranlage (links) und ist dadurch in der Lage, ein innerbetriebliches Recycling-System (Rückführung von Wasser sowie wiederverwertbarer Stoffe) äußerst effizient anzuwenden.

Bensberg

Die ehemalige Stadt Bensberg – heute ins benachbarte Bergisch Gladbach eingemeindet – kann jedoch ihr gegenüber mit einer bis ins 12. Jh. bezeugten Siedlungsgeschichte aufwarten, an der die bergischen Grafen und späteren Herzöge wesentlichen Anteil hatten. Mit zwei Bauten, der alten Burg und dem Neuen Schloß, prägten sie das Stadtbild und setzten mit ihnen weithin sichtbare Glanzpunkte. Unterhalb entstand auf einem sanft zum Rheintal hin abfallenden Bergrücken die Siedlung.

Kurfürst Johann Wilhelm von der Pfalz, im Volksmund „Jan Wellem" genannt, ließ das Neue Schloß 1703–16 durch den venezianischen Baumeister Graf Matteo d'Alberti in barockem Stil errichten. Aus den Resten der Alten Burg des 12. Jh. (rechts) entstand nach einem Entwurf von Gottfried Böhm das Rathaus (1963–67). Seine Konzeption ging davon aus, die Grundform der alten Ringburg, soweit möglich, in den neuen Baukomplex einzubeziehen und damit einer Ästhetik zu folgen, die von der Idee dominiert wird, im Bauen ein „zeitliches Kontinuum" erkennbar werden zu lassen. Extravagant in der Wirkung steigt der Treppenturm aus der Anlage empor. Das in der Bevölkerung umstrittene Objekt ist heute für viele der „Affenfelsen".

Bensberg, Zentrum

Eine der Hauptstraßen des Zentrums ist die Jan-Wellem-Straße. Sie verläuft vom Neuen Schloß aus diagonal durchs Bild. Zu erkennen sind Amtsgericht, St. Nikolaus Kirche, Kindergarten, Friedhofskapelle sowie das Gebäude der „Deutsche Post AG".

Bensberg, Neues Schloss

Als d'Alberti an die Planung des Neuen Schlosses heranging, stand für ihn fest, und damit dachte er sicherlich ganz im Sinne seines Auftraggebers Johann Wilhelm von der Pfalz, daß es nur ein Vorbild geben könne, dem es nachzueifern gelte: das berühmte Versailles bei Paris. D'Alberti hatte über zehn Jahre hinweg Erfahrungen als Baumeister in Paris gesammelt und war entsprechend gut mit den Bauten Ludwigs XIV. vertraut; nur begreiflich, daß die gleiche Formensprache am Bensberger Schloß wiederkehrt. Die Anlage (1703–16) zeigt eine vollkommene Symmetrie, dabei öffnet sie sich nach Westen. Der Hauptbau („Corps de logis") wird zunächst von zwei Flügelbauten flankiert, an die sich wiederum zwei weitere Flügel, nach außen versetzt, fügen, zuletzt gefolgt von zwei Zweckbauten. Die Staffelung der Baukörper bringt es mit sich, daß der Innenhof sich großräumig erweitert. Die Wachhäuschen an beiden Seiten der Einfahrt entstammen dem 19. Jh.

Gedacht als Residenz- und Jagdschloß, erstreckt sich doch westlich von Bensberg der „Königsforst", das fürstliche Jagdgebiet, war es dem Barockfürsten nicht mehr lange vergönnt, sich der Anlage zu erfreuen. Er verstarb kurze Zeit nach Fertigstellung (1716). Im Jahr 1793 wurde hier ein Militärlazarett eingerichtet; 1837–1918 eine preußische Kadettenanstalt, nach 1945 das Hauptquartier der belgischen NATO-Streitkräfte, ebenso ein Internat.

Schloss Lerbach bei Bergisch Gladbach

Von der ehemaligen Wasserburg im Renaissance-Stil, die Gottfried von Steinen im 17. Jh. anlegen ließ, ist heute nichts mehr erhalten. Sie ging im Kern auf einen Herrensitz zurück, dessen Existenz bereits 1384 urkundlich nachweisbar ist. Bis ins 19. Jh. wechselten die Eigentümer häufig (von Oesbrugge, von Hoenen, von Leers, von Herrestorf, von Nieswandt, von Wolff-Metternich). 1840 ließ Eduard Knobel das Herrenhaus in klassizistischer Form verändern. Als im Jahr 1893 der Papierfabrikant Richard Zanders aus Bergisch Gladbach – seine Gattin Anna von Siemens war die Tochter des berühmten Erfinders Werner von Siemens – die Anlage erwarb, begann in der Geschichte des Hauses Lerbach ein neues, glanzvolles Kapitel.

Man gab den bisherigen Bau auf, um darauf an höhergelegener Stelle eine neue, die heutige Schloßanlage zu errichten (Architekt Gabriel von Seidl, München). Nach dem frühen Tod des Besitzers verblieb die Witwe auf Haus Lerbach und machte den Herrensitz zum beliebten Treffpunkt von Künstlern, Wissenschaftlern und Politikern.

Nach Jahren wechselnder Nutzung (Sanatorium, Bildungshaus des Gustav-Stresemann-Instituts) verpachteten die heutigen Eigentümer Wendelin und Ruprecht von Siemens 1992 den Besitz, ein Schloßhotel der exklusiven Art entstand (Gourmet-Gastronomie, Beautyfarm), dessen Ambiente der besondere Charme eines englischen Herrensitzes anhaftet.

Thomas-Morus-Akademie in Bensberg

Die vom Erzbistum Köln getragene Thomas-Morus-Akademie ist eine Einrichtung, die sich der Reflexion und Interpretation kultureller, sozialer, politischer und ökologischer Entwicklungen widmet. Sie bietet dazu Vorträge, Tagungen, Ausstellungen oder andere Formen der Darbietung und Vermittlung an. Die kath. Akademie erhielt ihren Namen von dem englischen Humanisten und Lordkanzler Thomas More (1478–1535), der in seiner Schrift „Utopia" die Vision einer Idealgesellschaft entworfen hatte. Das Gebäude wurde in den Jahren 1926–29 nach Plänen des Architekten Bernhard Rotterdam zunächst als Priesterseminar errichtet, später auch als Altenheim erweitert. Es diente in den Kriegsjahren Deutschen und Amerikanern als Lazarett, heute wird es ausschließlich als Tagungsstätte genutzt. Die Edith-Stein-Kapelle im Innenhof kam 1987 hinzu.

Schloss Georghausen bei Lindlar-Hommerich

Westlich von Lindlar im Sülztal, umgeben von Fischteichen und Wassergräben, liegt Schloß Georghausen. Als Eigentum des bergischen Kanzlers Dietrich von Lünick wird es erstmalig 1466 genannt, danach gelangte es in den Besitz der Familien von Neuhoff und Fürstenberg-Herdringen. 1904 schließlich übernahmen es die Freiherren von Landsberg, deren Nachfolger das Schloß zu einem Hotel umwandeln ließen. Das barocke Hauptgebäude (links) entstammt dem Anfang des 18. Jh., ihm gegenübergestellt ist die noch etwas ältere Vorburg mit schönem Torhaus, wo heute der Restaurationsbetrieb untergebracht ist.

Overath-Immekeppel

Die ausnahmslos neue Bebauung läßt heute vergessen, daß die Ortsgeschichte bis weit in die Vergangenheit zurückreicht, denn schon 1166 schenkt Gräfin Hildegunde von Meer dem von ihr gestifteten Prämonstratenserinnenkloster in Meer Hof und Kirche als zinspflichtige Einrichtungen. Damals hieß das Dorf noch Sulzen, ab 1309 kam dann der Name Immekeppel in Gebrauch. Nach Abriß der alten Kirche im Zentrum setzte man 1885 an ihre Stelle die neuromanische Pfarrkirche St. Lucia, eine Kreuzbasilika von wuchtigem Zuschnitt mit schöner Doppelturmfassade, auch unter dem Namen „Dom des Sülztales" bekannt. Im Innern wird ein wertvolles Vortragekreuz des 12. Jh. aufbewahrt.

OVERATH, AUTOBAHNANSCHLUSSSTELLE

Zwischen B 55 und Agger ist in unmittelbarer Nähe zur A 4 ein Gewerbegebiet entstanden. Hier werden von einem Großunternehmen überregionaler Bedeutung Beton- und Keramikprodukte hergestellt.

Die Aufnahme läßt aber auch den Betrachter wissen, daß solche notwendigen Gewerbeanlagen das Landschaftsbild kaum stören, sondern angesichts einer noch immer schönen, vielgestaltigen Natur doch nur eine geringfügige Beeinträchtigung darstellen.

OVERATH-MARIALINDEN

Wie viele Ortschaften im Bergischen Land erstreckt sich Marialinden auf der Höhe eines Bergrückens, abweichend davon aber ist die Tatsache, daß der ehemalige Wallfahrtsort bereits aus großer Entfernung durch die Doppelturmfassade seiner spätgotischen Kirche St. Mariä Heimsuchung (1512) unschwer erkennbar wird. Das für die ländliche Umgebung stolze Bauwerk dokumentiert die Bedeutung der Marienwallfahrt des Bergischen Landes an dieser Stelle. Einstmals enge Beziehungen zur St. Cyriax Propstei im nahegelegenen Overath haben wohl auch die Überführung des wertvollen barocken Marienaltars (1626) nach Marialinden ermöglicht, der heute noch seinen Platz im nördlichen Seitenschiff einnimmt.

Much

Im Zentrum von Much, einer Gemeinde im Rhein-Sieg-Kreis, deren Anfänge wohl bis ins 10. Jh. zurückreichen, steht die Kath. Pfarrkirche St. Martin (12./13. Jh.), eine romanische Basilika mit schönem, gotischem Chor. Das Martin-Patrozinium läßt auf ein sehr hohes Alter von Kirche und Pfarre schließen, was u. a. seine Bestätigung darin findet, daß schon 1131 das Bonner Cassius-Stift im Besitz des Zehnten war und die Ortschaft Much von einem alten Fernhandelsweg berührt wurde („Zeithstraße"), das rheinische Siegburg mit dem sauerländischen Meinerzhagen verbindend. Schieferbeschlagene Wohnhäuser hier und da zeigen den Wechsel vom Rheinland zum Oberbergischen in bautypischer Hinsicht an.

Burg Overbach bei Much

Wahrscheinlich wurde die Burg zur Bewachung der wichtigen durch Much verlaufenden Handelsstraße angelegt. Gründer war der Ritter Eberhard von Overath, der hier zu Beginn des 12. Jh. einen Herrensitz, durch Wassergräben gesichert, errichtet hatte, von dem jedoch heute nichts mehr erhalten ist. Rätselhaft bleibt, weshalb die Burg auf Geheiß des Herzogs Johann Wilhelm I. von Berg 1593 zerstört worden ist. Um 1600 entstand das weißgekälkte Burghaus, die umgebenden Wirtschaftsgebäude datieren erst aus neuerer Zeit. Vom einstigen Grabensystem blieb lediglich der Teich vor dem Burghaus übrig.

Das letzte auf Burg Overbach ansässige Grafengeschlecht war bis 1984 die Familie von Nesselrode-Reichenbach. Heute hat ein Golfclub in der Burg seinen Sitz.

Schloss Ehreshoven bei Engelskirchen

Als der prächtigste Adelssitz des Bergischen Landes gilt Schloß Ehreshoven, eine Anlage, deren harmonische Baugestalt samt dem angegliederten, im französischen Stil des 18. Jh. entworfenen Park sich außerordentlich schön in das Landschaftsbild einfügt. Einem Schiffsbug ähnlich formieren sich die Wirtschaftsgebäude der Vorburg. Gewissermaßen schützend legen sie sich vor den Haupttrakt: das Herrenhaus (17. Jh.) mit seinen vorspringenden Seitenflügeln. Zwar ist noch das mittelalterliche Grabensystem einer Wasserburg vorhanden, jedoch diente es diesem Schloß nicht mehr zur Verteidigung, sondern wurde in erweiterter Form als ästhetisierendes Gestaltungsmittel in den Park integriert

Den burgartigen Vorgängerbau des 14. Jh., der zu großen Teilen im heutigen Herrenhaus aufging, bewohnten etwa ab 1300 die Geschlechter von Ehreshoven, von Troisdorf, von Grafschaft, bis dann die aus Leichlingen (Rhld.) stammenden Freiherren von Nesselrode hier ihren Wohnsitz nahmen, um bald darauf hohe Beamte im Herzogtum Berg zu werden. Es war Erbmarschall Philipp Wilhelm Christoph von Nesselrode (gest. 1704), der den Auftrag zur Erweiterung der Burg gab und damit das heutige Aussehen des Schlosses herbeiführte. Unklar ist, wer den Plan dieser Anlage entworfen hat. Man vermutet, es könne sich um Graf Matteo d'Alberti handeln, den Baumeister des Neuen Schlosses zu Bensberg.

Seit 1920 beherbergt Schloß Ehreshoven das Damenstift der Gemeinschaft des Rheinischen Ritterbürtigen Adels und kann daher nicht besichtigt werden.

Schloss Ehreshoven

Das Foto läßt deutlich erkennen, daß sich Vor- und Hauptburg auf zwei nur von Brücken verbundenen Inseln befinden und in welchem Ausmaß das Wassergrabensystem in die Parkgestaltung einbezogen wurde. Jenseits des Teiches verläuft die B 55. Am oberen Bildrand zeichnen sich die ersten Häuser des Ortsteils Loope ab, dahinter die Agger.

Stausee Ehreshoven

Durch eine zweite, neu angelegte Flußbettführung der Agger konnte das Sumpfgebiet in der Gemarkung Ehreshoven durch Aufstau annähernd trockengelegt werden. Ein Teil des Schlosses und seiner Wirtschaftsgebäude sind am oberen Bildrand gerade noch zu erkennen. Rechts schiebt sich die A 4 ins Bild. Diesseits des Sees beginnt der Rheinisch-Bergische Kreis.

Aggertal bei Engelskirchen

Vor der Staustufe hat sich die Agger zu einem kleinen See verbreitert, rechts flankiert von der B 55, einer stark befahrenen Verkehrsader des Oberbergischen Landes, und der Bahnstrecke nach Gummersbach. Im Bildhintergrund dehnt sich der Ortsteil Loope aus, erkennbar dort auch die Talbrücke der A4.

Engelskirchen

Für denjenigen, der aus Richtung Köln kommend der B 55 folgt, wird die Gemeinde Engelskirchen das „Tor zum Oberbergischen Land". Dieser erste größere Ort nach der Kreisgrenze im Aggertal umgibt sich mit ausgedehnten Wäldern, in denen der Naturfreund ein hervorragend angelegtes Netz von Wanderwegen vorfindet.

Engelskirchen tritt erstmals um 1350 urkundlich in Erscheinung. Während des Mittelalters bestimmen Erzbergbau sowie Schmiedebetriebe das Wirtschaftsleben, später kommen Spinnereien hinzu. Wenig ist gegenwärtig davon erhalten geblieben, was zur Verknappung des ortsnahen Angebotes an Arbeitsplätzen geführt hat, eine Situation, die viele Berufstätige zu Pendlern in den Raum Gummersbach und Köln machen sollte.

Auf einer Anhöhe steht die Kath. Kirche St. Peter und Paul und markiert das historische Zentrum. Noch aus dem 13. Jh. stammt der romanische Westturm mit typisch rheinischem, achteckigem Spitzhelm. Das Langhaus wurde 1877 abgerissen und durch einen neugotischen Hallenbau ersetzt.

Haus Alsbach bei Engelskirchen

Etwas abseits der B 55 liegt vor dem bewaldeten Hang des Rausberges Haus Alsbach. Malerisch von einem Teich umgeben, verrät auch diese Anlage, daß sie einst als Wasserburg diente. Ihre Geschichte beginnt im Jahr 1373, als das Ritterpaar Heydenreich Kreuwel und Adelheid von Aelbach hier ein Hofgut verwaltete, was wohl an der Stelle der Wirtschaftsgebäude gestanden haben muß, welches dann später (16. Jh.) ein Burghaus erhielt: das Herrenhaus. Dieses bekam sein heutiges schmuckes Aussehen, z. B. die hervortretenden Flügelbauten, allerdings erst gegen Ende des 19. Jh. auf Veranlassung des Grafen Wolf von Metternich. Unter den wechselnden Besitzern befinden sich die Familien von Quad, von Metternich, die Freiherren von Fürstenberg, von Lüninck und die Grafen von Spee. In den Jahren 1865–83 diente Haus Alsbach als Landratsamt des ehemaligen Kreises Wipperfürth.

Engelskirchen

Schnurgerade verläuft die B 55, auf den Ortsteil Hardt zu; links davon die Bahnlinie Köln–Gummersbach. Zwischen dichtem Buschwerk sucht sich die Agger ihren Weg, wobei sie den Ortsteil Miebach deutlich abgrenzt. Die gelb angestrichenen Fabrikanlagen (vorn im Bild) gehörten bis vor wenigen Jahren dem traditionsreichen Textilunternehmen Ermen & Engels. Um den Fortbestand der Räumlichkeiten für die Zukunft zu sichern, ließ man sich hier, wie übrigens an vergleichbaren Objekten ebenfalls zu beobachten, ein neuartiges, multivalentes Nutzungskonzept einfallen. Heute beherbergen die Fabrikhallen u. a. so wichtige Einrichtungen wie das Rheinische Industriemuseum, den Landschaftsverband, darüberhinaus jedoch auch Geschäfte und Wohnungen. Komplettiert wird dieses industrielle Baudenkmal durch eine Villa, die sich die Familie Engels nebenan in dem kleinen Park hatte errichten lassen.

Bei Engelskirchen

Auch das Ausbringen von Gülle während der Wintermonate kann die verschneite Landschaft um einige kunstvolle Muster bereichern.

Engelskirchen-Ründeroth

In den Aggerbogen schmiegt sich die bereits 1147 im Heberegister des Kölner Stifts St. Severin erstmalig genannte Ortschaft („Runyroide"), deren ältester Teil dort zu finden ist, wo sich die heutige Ev. Kirche (2. Hälfte 12. Jh.) mit ihren efeuberankten Mauern und dem auffallend schlanken hohen Turm erhebt. Sie steht auf einem kleinen, von historischen Wohnhäusern im Fachwerkstil umgebenen Marktplatz, unmittelbar neben der stark befahrenen B 55. Daß man in Ründeroth unter einer enormen Verkehrsbelastung, welche die Bundesstraße mit sich bringt, leidet, mag demjenigen klarwerden, der sich einmal genau ihren Verlauf ansieht.

Die Umgebung Ründeroths war seit dem Mittelalter bis ins 19. Jh. hinein ein wichtiges Abbaugebiet von Eisenerz, vielleicht das bedeutendste im Oberbergischen Land. Urkunden sprechen im 15. Jh. von Bleibergen und Eisenhütten, und so blieb auch Ründeroth bis 1876 Mittelpunkt der Eisenverhüttung. Dennoch konnte sich die Stahlindustrie hier bis zum heutigen Tag behaupten, und sie bildet mit den Stahlwerken Dörrenberg (am oberen Bildrand im Aggerbogen gelegen) immer noch einen wesentlichen Wirtschaftsfaktor.

In Ründeroth wirkte der Pfarrer und Philosoph Johann Leopold Goes (1730–1795), ein frommer Rationalist und Naturforscher der Aufklärung. 1788 wurde er Mitglied der Berliner Akademie der Wissenschaften.

Lindlar, Ortszentrum

Lindlar ist aus einem der ältesten Siedlungskerne des Bergischen Landes hervorgegangen. Die Deutung des Namens gibt der Forschung aber immer noch Rätsel auf. Bedeutet Lindlar nun die „Wohnsiedlung am Sumpf“ oder die „Lindenwaldlichtung“? Jedenfalls findet sich die Bezeichnung „Lintlo“ in einer Urkunde des Kölner Erzbischofs Friedrich I. aus dem Jahre 1109, in der dieser der Pfarrkirche eine ermäßigte Zinsabgabe gewährt. Man geht davon aus, daß die Anfänge noch gut einhundert Jahre weiter zurückreichen. Das Gelände eines alten Fronhofes, der bis 1663 im Besitz des Kölner Stifts St. Severin war, nach dem wohl die Kirche (erbaut im 12. Jh., erweitert, restauriert und wieder erbaut im 19. Jh.) das Patrozinium des hl. Severin bekam, muß als der älteste Siedlungsplatz im historischen Zentrum angesehen werden. Wie man sieht, hat sich der Ort von dort aus gleichmäßig in alle Richtungen ausgedehnt, Grünflächen lockern ihn jedoch noch an vielen Stellen auf. Die Gemeinde kann heute auf einen wachsenden Zustrom von Feriengästen verweisen. Sie bietet sowohl dem Naturfreund als auch demjenigen, der „nur“ Entspannung sucht, alle Möglichkeiten.

Lindlar-Frielingsdorf

Bekannt wurde das Dorf wegen eines außergewöhnlichen Kirchenbauwerkes, das der Architekt Dominikus Böhm 1927/28 hier errichtete. Die Kath. Pfarrkirche St. Apollinaris (obere Bildmitte) steht auf den ersten Blick für den Betrachter in der Bautradition bergischer Dorfkirchen, in ihrem Innern jedoch entfaltete Böhm, dessen Sohn Gottfried den Nevigeser Dom entworfen hat, eine expressionistische Formen- und Farbenwelt.

Schloss Heiligenhoven bei Lindlar

Das südlich von Lindlar im waldreichen Tal des Lennefer Baches gelegene Barockschloß besteht aus Herrenhaus (gelber Anstrich) und Vorburg. Eine im 15. Jh. an dieser Stelle entstandene Wasserburg ist als Vorgängerbau anzusehen. Von den zahlreichen Besitzern seien nur zwei genannt, die entscheidend am Ausbau des Herrenhauses beteiligt gewesen sind. Zunächst ist es der Schultheiß Johann Josef von Brück, der von 1758–1760 die Burg zu einem barocken Schloß umwandeln ließ, 1788 die Anlage – er war inzwischen in Konkurs gegangen – jedoch an den Reichsfreiherrn Clemens Lothar von Fürstenberg-Herdringen veräußern mußte. Dieser korrigierte das Herrenhaus im Stil des Rokoko. Seit der Zeit verblieben Schloß und Ländereien für 150 Jahre im Besitz der Familie.

Die Sage will wissen, daß von hier aus ein unterirdischer Gang zu den benachbarten Schwesterburgen bestanden habe, in dem ein großer Schatz verborgen sei, der aber nur dann gehoben werden könne, wenn der Burgbesitzer einmal vollständig verarme. Intensive Nachforschungen blieben bisher erfolglos, und selbst dem bankrott gegangenen Ritter von Brück war dieses Glück nicht beschieden.

Bei einem Brand wurde 1973 die Innenausstattung völlig vernichtet. Schloß Heiligenhoven – gegenwärtig Privateigentum einer Stiftung – dient heute als Ferien- und Freizeitstätte für Familien. In die Vorburg ist eine Gastronomie eingezogen; mit Blick auf den Teich ein insgesamt idyllischer Ort.

GUMMERSBACH-DIERINGHAUSEN, EISENBAHNMUSEUM

Auch im Bergischen Land haben sich Eisenbahnfreunde zusammengefunden, um die Erinnerung an ein Verkehrsmittel wachzuhalten, das einst auch diese Region mithalf, wirtschaftlich zu erschließen. Das Bahnbetriebswerk Dieringhausen – an der City-Bahn-Strecke Köln–Gummersbach gelegen – wurde 1980 zu einem Eisenbahnmuseum umgestaltet, das eine Vielzahl alter Dampflokomotiven, aber auch Dieseltriebfahrzeuge – teilweise Kleinloks von Industriebetrieben – auf einem über 10 000 qm großen Freigelände präsentiert. Unter Denkmalschutz steht der 12-ständige Lokschuppen mit Drehscheibe.

GUMMERSBACH, ZENTRUM

Die Geschichte der Kreisstadt Gummersbach setzt im 10. Jh. ein, als sich am Fuß des Kerberges um eine Kapelle herum eine fränkische Streusiedlung bildet, dort, wo sich heute die Ev. Kirche (11./15. Jh.) und die Altstadt befinden (oben links). Aus dem Jahr 1109 stammt die erste Erwähnung („Gumeresbracht"), und bald darauf gehört die Siedlung zum Herrschaftsbereich der Grafen von Berg, fällt ab 1274 aber an die Grafen von der Mark. In Schwarzenbergischen Besitz (Gimborn-Neustadt) gelangt die Stadt von 1614–1789. Erst in napoleonischer Zeit steigt sie zur Kantonshauptstadt, 1825 zum Kreisort auf. Stadtrecht erhält Gummersbach 1857.

Obgleich das Handelswesen und eine breit gefächerte Produktionswirtschaft schon bis ins Mittelalter hinein verfolgt werden können, tritt die entscheidende gewerbliche Entwicklung (vor allem in der Textilindustrie) erst seit dem 19. Jh. ein. Mit zunehmendem Wohlstand gewinnt Gummersbach in der Folgezeit mehr und mehr städtisches Profil, wird zum kulturellen Mittelpunkt der Region sowie zu einem wichtigen Verkehrsknotenpunkt. Die heute größte Stadt des Oberbergischen Kreises (ca. 50 000 Einw.) ist durch Neuansiedlung von Betrieben in ihrer Wirtschaftskraft enorm gewachsen und kann ihren Bürgern heute eine gut entwickelte Infrastruktur anbieten.

V-förmig laufen Kaiserstraße (links) und Karlstraße als Hauptverkehrsadern der Innenstadt am unteren Bildrand aufeinander zu; zwischen ihnen die Kath. Pfarrkirche St. Franziskus mit ihrem modernen Gemeinderaum, dahinter das Amtsgericht, gefolgt von Hauptpost und Rathaus. Am oberen Ende der Kaiserstraße erstreckt sich das Einkaufszentrum „Bergischer Hof". An den typischen Windungen der Auffahrt ist das hier integrierte Parkhaus zu erkennen.

GUMMERSBACH, FA. L. & C. STEINMÜLLER

Die entscheidende Entwicklung der ansässigen Industrie kam in Gummersbach erst zu dem Zeitpunkt in Gang, als sich die Stadt von ihrer Bindung an die traditionelle Vormachtstellung der Feste Neustadt (heute Bergneustadt), welche schon seit 1301 Stadtrechte besaß, lösen konnte. Dies geschah zu Anfang des 19. Jh., als man die ersten Textilmaschinen in der Winterbecke aufstellte (1813). Jahrzehnte später folgten dann industrielle Fertigungsanlagen auf breiter Basis (Textilien, Papier, Metallwaren).

Im Jahr 1874 betrieb die traditionsreiche Fa. L. & C. Steinmüller den ersten Röhrendampfkessel. Heute stellt sich das Unternehmen als Gummersbachs größter Arbeitgeber dar (ca. 3000 Beschäftigte). Produktionsschwerpunkte sind Umwelt- und Verfahrenstechnik-Anlagen.

Gummersbach, Zentrum

Den dichtbebauten Innenstadtbereich riegeln nach Süden die City-Bahn Gummersbach–Köln, nach Westen die Brückenstraße und in deren weiterem Verlauf die Reininghauser Straße ab. Außerhalb dieser Eingrenzung konnten sich dagegen Grünflächen mit aufgelockerter Bebauung erhalten. Im Vordergrund liegt das größte moderne Geschäftszentrum der Kreisstadt, der „Bergische Hof", links davon die Ev. Kirche. Die dortige Straßenkreuzung hat sich in den vergangenen Jahren zum verkehrsreichen Knotenpunkt entwickelt. Hinter dem Rathaus, erkennbar durch seine blockartige Bauweise, erhebt sich das Hochhaus der Kreisverwaltung an der Moltkestraße. Diesseits der City-Bahn kommt das Werksgelände der Fa. L. & C. Steinmüller ins Bild.

Gummersbach, Fachhochschule

In der Kreisstadt unterhält die Fachhochschule Köln eine Außenstelle. Untergebracht ist sie in den mehrstöckigen Gebäudetrakten am Wald; vor diesen die Flachdachbauten des Studienzentrums (Fernuniversität).

Gummersbach, Kreiskrankenhaus

Im Stadtteil Rospe befindet sich dieser großzügig angelegte Flügelbau mit einer Kapazität von 600 Betten, der von der Universität Köln als Lehrstätte mitbenutzt wird.

AGGERTALSPERRE

Weit greifen die Arme der Aggertalsperre – vielleicht eine der am schönsten gelegenen Talsperren des Oberbergischen Landes – in das waldreiche Gebiet nördlich von Bergneustadt aus. Allein aus optischen Gründen wirkt der Stausee wie eine Bereicherung der Landschaft. Nicht anders fiele die Bewertung aus, wenn man über die hiermit geschaffenen Freizeitmöglichkeiten nachdenkt. Ein herrliches Wegenetz entlang der Ufer oder durch die Wälder steht dem Wanderfreund, aber auch demjenigen, der Ruhe und Entspannung sucht, zur Verfügung. Wassersportlern ist der See ein Eldorado, auch ein ideales Terrain für Campingfreunde gibt es. Für solche Aktivitäten ist der kleine Ort Lantenbach (links oben) die richtige Adresse.

Mit einer Länge von 1,8 km schiebt sich die Halbinsel gegen die Staumauer vor. Wer sie besuchen möchte und von Lantenbach aus den schönen Rundwanderweg (4,2 km) antritt, kann dabei auf die frühmittelalterliche Ringwallanlage treffen, eine Art Fliehburg, durch die der Beweis für die frühzeitliche Besiedlung während der fränkisch-sächsischen Landnahme im 7. Jh. gegeben ist.

Erste Planungen zum Bau der Aggertalsperre gehen auf die Jahre 1900–04 zurück, sie gelangten jedoch erst nach Gründung der Aggertalsperrengenossenschaft (1923) unter Kommerzienrat Bernhard Krawinkel in ein entscheidendes Stadium. Planung und Durchführung der Arbeiten liefen in den Jahren 1927-29 unter der Leitung von Ingenieur August Johanßen (Aachen). Neuartig war damals die Errichtung der Sperrmauer (227 m Länge) nach dem Gußbetonverfahren. Mit einem Fassungsvermögen von 19,29 Mill. cbm zählt der Stausee zu den größeren. Er dient dem Hochwasserschutz und der Trinkwasserversorgung. Rechts im Vordergrund sieht man den Ortsteil Hackenberg.

Aggertalsperre

Nur an wenigen Stellen reicht die Besiedlung bis an die Ufer des Stausees, was dem Fortbestand einer weitestgehend intakten Naturlandschaft sehr zuträglich ist. Am Nordende liegen die Dörfer Lantenbach, Bredenbruch und Deitenbach (von links nach rechts).

Gummersbach-Lieberhausen

Hübsch anzusehen ist das kleine, oberhalb der Aggertalsperre gelegene Kirchdorf Lieberhausen. Überregionale Beachtung fand es, als man 1910 in der Ev. Kirche (11. Jh.) spätgotische Wandmalereien größeren Ausmaßes aufdeckte, die seit Mitte des 19. Jh. übertüncht worden waren, weil sich in der Gegend ein unziemlicher Ausspruch verbreitet hatte, vor dem die Gemeinde ihre Kirche schützen wollte. „So bunt as des Libberhüser Kerke" hieß es nämlich immer, wenn man auf die besondere Farbenpracht eines alltäglichen Gegenstandes hinwies.

Aus kunsthistorischer Sicht besitzen die Ausmalungen (um 1480) der Ev. Kirche einen hohen Stellenwert, gelten sie doch heute als die schönsten des Bergischen Landes. Einmalig die religionsgeschichtliche Kuriosität, daß sich nach(!) der Reformation niemand von dieser Farbenpracht trennen wollte, wie es andernorts durchaus geschah, sondern daß man die Darstellungen 1589 noch erweiterte bzw. restaurierte. So prangten die Fresken noch jahrhundertelang bis zum Erscheinen des ungehörigen Wortes von der „bunten Kirche" an den Wänden.

Genkel- und Aggertalsperre

Im Vordergrund zeigt die Aufnahme den Staudamm der Genkeltalsperre (Kronenlänge 200 m). Sie besitzt ein Fassungsvermögen von 8,18 Mill. cbm und erreicht damit nicht ganz das halbe Volumen der Aggertalsperre. Errichtet wurde sie erst 1951–52, weil in der Region zusätzlicher Brauchwasserbedarf bestand. Ihr Wasserabfluß wird der Aggertalsperre zugeführt, die sich im Hintergrund abzeichnet. Der Wasserspiegel beider Stauseen differiert um etwa 50 m Höhe. In besonderen Trockenperioden ermöglicht eine 800 m lange Rohrleitung die Einspeisung zusätzlicher Wassermengen aus dem oberen Aggertal in den Genkelstausee.

Steinbruch bei Bergneustadt-Hackenberg

Einer der zwei Grauwacke-Steinbrüche im Gebiet Hackenberg ist der heute noch von der Fa. Guido Clemens genutzte Bruch; hinten die Aggertalsperre.

Bergneustadt

Eine von modernen Industrie- und Handwerksbetrieben bestimmte Mittelstadt mit langer, wechselvoller Geschichte: So könnte man Bergneustadt in wenigen Worten charakterisieren. Dank der kommunalen Neugliederung (1969) wuchs die Stadt um einige Ortschaften, so daß für die wirtschaftliche Fortentwicklung dringend benötigte neue Gewerbeflächen vermehrt zur Verfügung standen. Gegenwärtig zählen 22 Orte und Vororte zum Stadtgebiet, und so vervollständigte sich in Bergneustadt etwas, das bereits mit seiner Gründung im Jahr 1301 auf stolze Weise begonnen hatte. Neben diesem, vor allem aufs wirtschaftliche Wachstum gerichteten Prozeß blieb ein großer Rest von dem, was schließlich die gesamte Landschaft prägt, noch erhalten. Allein 56 % des Stadtgebietes besteht aus Wald, gut 26 % sind landwirtschaftliche Nutzflächen.

Aus dem Zentrum erhebt sich als einziges Hochhaus die Stadtverwaltung; links davon auf einer kleinen Anhöhe die Altstadt, und unweit davon erkennt man die modernen Gebäude des Schulzentrums „Auf dem Bursten"; bereits in der Waldzone liegt die Heimvolkshochschule der Friedrich-Ebert-Stiftung. Unmittelbar an der Bahnlinie Köln–Olpe liegt Bergneustadts größtes Industrieunternehmen, die Fa. Alfred Teves GmbH & Co (ATE), ein Betrieb der Automobilzubehörbranche.

Bergneustadt, historische Altstadt

An strategisch günstiger Stelle ließ Graf Eberhard II. von der Mark durch seinen Amtmann Rüttger von Altena eine Stadtburg zum Schutz seiner hiesigen Besitzungen vor Übergriffen durch die Grafen von Homburg, von Sayn und die mächtigen bergischen Herzöge errichten, deren Territorien hier zusammenliefen. Das geschah im Jahr 1301. Von einer „Nyestat vor unsen landen" ist anläßlich der Neugründung die Rede. Durch einen doppelten Mauerring war sie gesichert, bestückt mit Wachtürmen und je einem Tor an der Nord- und Südseite. Schon während des darauffolgenden Jahres erhielt die „Nyestat" die Stadtrechte, wurde geradezu mit Privilegien überschüttet; Handel und Gewerbe blühten dank heimischer Erzförderung auf.

Es heißt, um 1353 seien Burg und Stadt vollendet gewesen. Die Burg – sie stand an der Südseite der Altstadt – ist nicht erhalten, wohl aber bleibt der Verlauf des Mauerringes gut erkennbar: Er umschloß in etwa das rechteckige Arreal mit der regelmäßigen Bebauung, die heutige Altstadt. Diese Bebauung (18./19. Jh.) respektiert noch die alten, parallelen Straßenzüge aus der Gründungsphase. Aus der ehem. Burgkapelle ging schließlich die heutige Ev. Kirche (17. Jh.) mit dem hübschen Doppelzwiebelturm hervor.

Reichshof-Eckenhagen

Dort, wo das Oberbergische am östlichen Rand bald ins Sauerländische übergeht – dem Westfälischen also näher als dem rheinischen Kulturraum –, ist Eckenhagen zu finden, ein freundlicher, dank seiner zahlreichen Freizeiteinrichtungen im Winter wie im Sommer für Gäste attraktiver Ferienort. Neben Denklingen wird Eckenhagen nach der Gebietsreform 1975 Hauptort einer Großgemeinde, die seitdem den Namen Reichshof führt. Es spiegelt sich darin ein ganz bewußt vollzogener Schritt, mit dem man wieder Bezug zu historischen Gegebenheiten nehmen wollte, die hier vor über 800 Jahren das Geschehen bestimmt haben. Kein Geringerer als Kaiser Friedrich I. „Barbarossa" schenkte 1167 seinem Reichskanzler Rainald von Dassel (1120–67), auch damaliger Kölner Erzbischof, einen Gutshof bei Eckenhagen, versehen mit gewinnträchtigen Pfründen wie z. B. den benachbarten Silbergruben in Heidberg. Da das kaiserliche Geschenk aus Reichsbesitz stammte, besaß es den Status eines Reichshofes. Wenn auch dieses Anwesen heute verschwunden ist, so wird im Namen die Erinnerung daran wachgehalten.

Die Ev. Kirche in der Ortsmitte (12. Jh., 1795) birgt im Innern eine außergewöhnlich schöne spätbarocke Ausstattung, als deren Glanzpunkt die Orgel gilt, das größte noch spielbare Barockinstrument des Nordrheingebietes.

Reichshof-Odenspiel

Nur wenige Kilometer von der Wiehltalsperre entfernt – man erkennt sie am oberen Bildrand – liegt Odenspiel, ein verträumtes Dorf am südöstlichen Rand des Oberbergischen Landes inmitten waldreicher Umgebung. Hell erstrahlt im Sonnenlicht der gekälkte Bau der Ev. Kirche (1697). Aus der Tatsache, daß sie über den Grundmauern einer Vorgängerin aus romanischer Zeit entstand, darf man auf eine weit ins Mittelalter reichende Dorfgeschichte schließen.

Wiehltalsperre bei Reichshof

Mit einem Fassungsvermögen von 31,5 Mill. cbm nimmt die Wiehltalsperre hinsichtlich ihrer Kapazität den zweiten Platz unter den größten Stauseen des Bergischen Landes ein. Sie dient hauptsächlich als Trinkwasserreservoir, weshalb jegliche Formen der Ansiedlung von ihr ferngehalten worden sind. Der Stausee wurde 1967–73 im Auftrag des Aggerverbandes (heutiger Eigentümer) nach einem Entwurf des Oberbaudirektors Erhard Schulze errichtet. Am Horizont sind die beiden Dörfer Wildbergerhütte (links) und Odenspiel zu sehen.

Reichshof-Denklingen

Neben Eckenhagen ist Denklingen der zweite Hauptort in der Großgemeinde Reichshof. Das Orts1zentrum wird auch heute noch durch den ehemaligen Burgbezirk, zu dem der Mühlenteich (Bildmitte) als Teil des alten Wassergrabensystems gehört, nachhaltig geprägt. Von der Wasserburg des 14. Jh. ist nichts erhalten. Sie war von nicht geringer Bedeutung, residierten doch hier zeitweise die Landesherren. Noch im Jahr 1433 ist in einer Urkunde die Rede vom „Schloß des Herzogs Adolf von Jülich und Berg".

Als im 15. Jh. der Abriß erfolgt war, entstand auf den alten Grundmauern das sogenannte Amtshaus, der Verwaltungssitz des früheren Amtes Windeck (heute Töpferei). Aus der ehemaligen Burgkapelle ging die Ev. Kapelle (1693–94) hervor, unmittelbar am rechten Ufer des Mühlenteiches gelegen. Neuer Verwaltungssitz Denklingens ist das moderne Rathaus (unten rechts). Um den ehemaligen Burgbezirk windet sich die B 256 (unten), aus Richtung Wiehl kommend, in weitem Bogen; der Hügel zur Linken trägt die Kath. Kirche St. Antonius Abbas (1886) sowie die 1902–03 errichtete Ev. Kirche.

Wiehl, Zentrum

In reizvoller Mittelgebirgslandschaft konnte sich an den Ufern des Wiehl-Flusses eine Stadt entwickeln, die heute Luftkurort und Industriestandort zugleich ist. Wiehl, das seine Stadtrechte erst 1971 erhielt, kann jedoch auf eine jahrhundertealte Vergangenheit zurückblicken, gründeten doch die vom Rhein aus herandrängenden Franken hier während des 8. Jh. die erste Ansiedlung. Später besaß das reiche Bonner Stift St. Cassius in Wiehl Gutshöfe, Ländereien sowie Zehntrechte an der Kirche und machte die Stadt zu einem wichtigen Hauptort. Während des Mittelalters gehörte Wiehl zur Herrschaft Homburg der Grafen von Sayn, doch erhob auch das Haus Jülich-Berg zeitweise Ansprüche auf dieses Gebiet, verzichtete aber im „Siegburger Vergleich" von 1604.

Durch Eingemeindungen hat sich das Stadtgebiet inzwischen auf 53 qkm mit insgesamt 49 Dörfern ausgedehnt, wodurch die Einwohnerzahl auf über 25 000 angestiegen ist. Dennoch ging die beschauliche Atmosphäre eines Landstädtchens nicht verloren, obschon heute viele Neubauten das Zentrum prägen. Es wird immer noch eindrucksvoll von der Ev. Kirche (1843, Turm Ende 12. Jh.) auf hohem Ufer über der Wiehl bestimmt. Ergebnis der Landesgartenschau war die Umgestaltung der Flußaue zum Freizeitpark. Er lädt zu erholsamen Spaziergängen ein (unten).

Berühmt gemacht haben den Namen Wiehls die alljährlich von August bis September stattfindende Dahlienschau, die Tropfsteinhöhle sowie in neuerer Zeit auch das Museum „Achse, Rad und Wagen".

Bei Wiehl, Landschaft im Mai

Wiehl, Bergische Achsenfabrik

Seit dem späten Mittelalter wurde im Wiehler Raum Eisenbergbau betrieben, der das Rohmaterial für viele kleinere Hammerwerke und Hütten lieferte. Aus der jahrhundertealten Tradition ging 1898 die Bergische Patentachsenfabrik Fritz Kotz & Söhne mit einer heute ca. 1750 Mitarbeiter zählenden Belegschaft hervor, Wiehls größter Arbeitgeber. Das Großunternehmen vor den Toren der Stadt, von dem die Abbildung nur einen Teil der Werksanlagen zeigt, gilt europaweit als Marktführer in der Herstellung hochwertiger Spezialachsen für Fahrzeuge.

Auf dem Firmengelände richtete das Unternehmen – gewissermaßen als „Ableger“ – das Museum „Achse, Rad und Wagen“ ein, in dem der Besucher einen umfassenden Überblick über die 5000jährige Geschichte des Fahrzeugbaues erhält.

Wiehl, Schwimmbad und Eissporthalle

Als sie 1976 der Öffentlichkeit übergeben wurde, war die Freizeitanlage aufgrund ihrer überaus umweltfreundlichen Beheizungstechnik auf diesem Sektor eine bemerkenswert innovative Einrichtung. Bei ausreichender Sonneneinstrahlung erfolgt die Beheizung des Freibades durch Solarenergie, zusätzlich kann Heizbedarf über Erdwärmepumpen erzeugt werden. Die große Dachfläche der Eissporthalle (unten) bietet für die hohe Zahl der erforderlichen Sonnenkollektoren genügend Platz. Kaum intelligenter als die derartige Verknüpfung zweier Anlagen hätte eine technische Problemlösung ausfallen können.

Wiehl, Tropfsteinhöhle

Zu den bekannten Ausflugszielen des Oberbergischen Landes zählt die Wiehler Tropfsteinhöhle (Eingang am Waldhotel Hartmann, Bildmitte). Als man 1860 bei Sprengungen im Kalksteinbruch am Pfaffenberg Gänge einer Höhle entdeckte, maß man der Sache zunächst nur wenig Bedeutung bei und verfüllte die Hohlräume wieder mit Schutt. Erst 1926 begann die Erschließung eines 1,5 km langen Wegenetzes, wodurch die Höhle für Besucher begehbar gemacht und im Jahr darauf eröffnet werden konnte. Beim Rundgang läßt sich eine Fülle interessanter Formationen bewundern, die das einsickernde Wasser aus dem gelösten Kalkstein im Verlauf von Jahrmillionen herausgebildet hat.

Wiehl-Bielstein

Wie es heißt, geht der Name des Ortes Bielstein auf ein hiesiges Burghaus zurück, erbaut von dem ehemaligen fürstlich-homburgischen Kanzleirat und Vogt Christian Schmidt um 1720, das die aus dem sauerländischen Warstein stammende Familie Möller Mitte des 19. Jh. erworben hatte. Wohl in Anlehnung an die bei Warstein liegende „Bielsteiner Höhle“ soll sie der Umgebung ihrer Burg den Namen gegeben haben. Hinter dem Ort sind im Wiehltal die Werksanlagen der Fa. Kind & Co, Edelstahlwerke, zu erkennen, im Volksmund auch „Bielsteiner Hammer“ genannt, da der Betrieb 1907 aus einem Hammerwerk hervorging.

Im Hintergrund – bei Weiershagen – die 705 m lange Wiehltalbrücke der A 4.

Wiehl-Bielstein, Erzquell-Brauerei

Ernst Kind braute bereits 1900 in Bielstein den ersten Gerstensaft. Der damals unter dem Namen „Adler-Brauerei“ geführte Betrieb heißt seit 1971 „Erzquell-Brauerei“, ist immer noch in Familienbesitz und zählt inzwischen zu den 60 größten Brauerein Deutschlands. 75 Mitarbeiter sorgen dafür, daß der Ruf Bielsteins als „Stadt des Bieres“ erhalten bleibt.

Wiehl-Bielstein, Rodung

Diese Rauchsäulen signalisieren keine Gefahr. Hier werden gerade Reste des Schälmaterials, das nach der Rodung angefallen ist, verbrannt.

Wiehl-Bielstein, Motocross-Rennstrecke

Zwischen Wiehl und Drabenderhöhe verläuft die Waldstrecke, auf der seit 1952 Meisterschaften im Motocross-Sport ausgetragen werden.

Wiehl-Drabenderhöhe

Verbirgt sich hinter dem Ortsnamen – wie gelegentlich behauptet wird – eine althochdeutsche Bezeichnung, die ungefähr soviel wie „tropfende Höhe“ bedeutet, oder ist die Annahme wahrscheinlicher, daß „Drabenderhöhe“ aus einem Personennamen hervorging, vielleicht aus dem Namen eines mittelalterlichen Hofbesitzers? 1661 hieß der Ort noch „Drauenhö“, und lange vor dieser Zeit wird von einer Witwe Draband berichtet, die das Dorf auf der Höhe mit ihren beiden Söhnen gegründet haben soll.

Unumstritten jedenfalls ist der weit vor der Jahrtausendwende liegende Zeitpunkt der Gründung. Fränkische Zuwanderer stritten sich hier mit sächsischen, während sie das Gebiet zwecks Landnahme durchstreiften, sehr heftig. Die „Pufferzone“ durchkreuzten zwei Handelswege, ursprünglich wohl Heerstraßen: die von Siegburg über Much nach Meinerzhagen führende „Zeithstraße“ sowie die von Köln nach Siegen verlaufende „Brüderstraße“. Am Kreuzungspunkt beider Verkehrswege entstand vielleicht schon im 8. Jh. eine Kapelle, deren Nachfolgerin die heutige Ev. Kirche (12./13. Jh., 1843) wurde. Der vollständig von Efeu überwucherte Turm – eine Kuriosität – steht an der Stelle, wo durch die Gebietsneuordnung von 1604 („Siegburger Vergleich“) zwischen den Grafen von Sayn bzw. den Herzögen von Berg die Grenzen ihrer Territorien aneinanderstießen und das Dorf politisch in zwei Hälften teilten.

Beide mittelalterlichen Verkehrswege sind heute zu modernen Verbindungsstraßen geworden. Aus der „Zeithstraße“ wurde die B 56. Sie kommt (von unten) aus Richtung Much und zieht sich in einer weiten Linkskurve durch den Ort; an der Kirche biegt die L 338, die „Brüderstraße“, in Richtung Marienberghausen ab.

Nümbrecht-Marienberghausen

Unweit von Nümbrecht liegt auf einer Anhöhe oberhalb des Bröltals das schmuck herausgeputzte Kirchdorf Marienberghausen. Der typische Schieferbeschlag der Wohnhäuser – so manches ist noch in Fachwerk ausgeführt – erzeugt ein geschlossen wirkendes Ortsbild. Vorwiegend wurden sie noch im 19. Jh. errichtet.

Marienberghausens Geschichte dagegen ist sehr viel älter und setzt mit Gründung der Dorfkirche gegen Ende des 13. Jh. ein. Der weißgekälkte Bau (13./15. Jh., 1665) erhebt sich deutlich aus dem Zentrum. Äußere Schlichtheit findet ihr Gegenteil im Innern: Zu bewundern gibt es dort einen reichen Bestand an dekorativer Wand- und Gewölbemalerei der Spätgotik, entstanden etwa um 1480. Aus kunsthistorischer Sicht gehören die farbenfrohen Fresken in eine Gruppe mit denjenigen, die auch heute noch in anderen Landkirchen der Umgebung zu entdecken sind (z. B. in Lieberhausen, Wiedenest oder Müllenbach). Sie gelten als erstrangige Beispiele der oberbergischen Kunstlandschaft. Mehr scherzhaft anmutend, sicherlich aber treffend, faßt man diese Kirchengruppe unter dem Begriff „Bunte Kirchen“ zusammen.

Nümbrecht, historischer Stadtkern

Sternförmig laufen die Straßen auf einen Punkt in der Bildmitte zu und treffen an einem Platz unterhalb der Ev. Kirche (12./17. Jh.) zusammen. Das historische Zentrum Nümbrechts markiert die Ev. Kirche mit ihrer schönen, geschweiften Turmhaube und den quergestellten Giebeldächern über ihren Seitenschiffen – letzteres eine im Oberbergischen ungewöhnliche Bauausführung. Grabungen im Kircheninnern (1954) haben ergeben, daß die hier zutage geförderten Tonscherben sowie ein zerbrochener Schädel in das 9. Jh. zu datieren sind und auf eine fränkische Gräberstätte hindeuten. Mithin setzt die Siedlungsgeschichte wohl schon vor rund 1100 Jahren ein.

1131 taucht in eine Urkunde erstmalig der Name „Nuenbret" auf, eingetragen als Besitztum des Bonner Stifts St. Cassius. Seit dem 12. Jh. beanspruchen die Grafen von Sayn in diesem Gebiet Landrechte. Sie errichten – auch zum Schutz Nümbrechts, dessen Kirche ihnen als Grablege dient – wenige Kilometer entfernt ihren Stammsitz Schloß Homburg und erreichen durch kluge Heiratspolitik schließlich den Ausbau der Anlage zu einer prächtigen Residenz. Auf dem Territorium der späteren Grafschaft Sayn–Wittgenstein–Homburg gelegen, erlangte die Gemeinde Nümbrecht dank des Eisenbergbaues bescheidenen Wohlstand.

Nümbrecht, das ehemalige Zentrum der reichsunmittelbaren Herrschaft Homburg, hat heute sein Image als schmuckes, oberbergisches

Nümbrecht, Golfanlage und Sportpark

Nümbrecht setzt auf Fremdenverkehr. Dieses Ziel hat die Gemeinde schon seit einiger Zeit ins Auge gefaßt. Eine sachgerechte Planung muß daher die Palette der Freizeitangebote für den Gast sinnvollerweise daraufhin anlegen. Der Bau eines Golfübungsplatzes, unmittelbar am Ortsrand gelegen, wo noch reichlich unbebaute Nutzfläche vorhanden war, ist sicher ein richtungsweisender Versuch. Attraktive Möglichkeiten hat auch der Sportpark gleich nebenan zu bieten.

Städtchen, das noch viele Fachwerk- und Schieferhäuser aufweist, durch mancherlei Aktivitäten in eine neue Richtung weiterentwickelt. Der Luftkurort (staatl. anerkannt) besitzt sein eigenes Kurzentrum, einen Golfplatz und einen Sportpark; auch haben sich inzwischen viele Künstler hier niedergelassen.

Schloss Homburg bei Nümbrecht

Ein kulturhistorisches Glanzstück aus der weit ins Mittelalter reichenden Geschichte der „Homburger Herrlichkeit" ist das nahe bei Nümbrecht gelegene Schloß Homburg. Nach der Heirat mit Jutta von Isenburg ließ Graf Gottfried I. von Sayn um 1260 eine Burg zur Sicherung seines Machtbereichs an der Bröl errichten. Der Standort auf einer Bergeshöhe (Homburg = Hohe Burg) entsprach strategischen Erfordernissen, dokumentierte aber auch sichtbar den Herrschaftsanspruch des Saynschen Grafengeschlechts. Bereits 1276 übertrug Gottfried die Burg aus tiefer Verbundenheit an Rudolf von Habsburg, um sie sich als Lehen sofort zurückgeben zu lassen.

Seit 1294 entstanden durch Brüderteilung zwei Saynsche Linien, die „Engelbert- und die Johannes-Linie", begleitet von reger Bautätigkeit innerhalb des inneren Burgbereiches. Der Doppelherrschaft entsprechend wurden zwei Zugänge angelegt. Gemeinsamer Besitz war der mächtige Bergfried. Ab 1361 kam – wiederum durch Heirat – die Grafschaft Wittgenstein hinzu, so daß der Stammsitz Homburg jedenfalls vorübergehend wachsende politische Bedeutung erlangen konnte. Die Umwandlung zur prächtigen Schloßanlage ab 1635 unter dem kunstsinnigen Grafen Ernst fand ihren Niederschlag in der Barockisierung. Orangerie, Burggarten, der Treppenaufgang (im Innern) sind zu jener Zeit entstanden.

Nach dem Aussterben der Homburger Eigendynastie 1743 fielen Schloß und Herrschaft an das Haus Wittgenstein in Berleburg. Das Schloß diente fortan nur noch als Beamtenwohnung, verfiel im 19. Jh. zusehends. Fast zur Ruine geworden, begann 1926 die allmähliche Wiederherstellung. Heute präsentiert sich das Schloß als eine Stätte kultureller Begegnungen. Tagungen, Konzerte und Ausstellungen finden hier statt; in den Räumen des Hauptgebäudes ist das Museum des Oberbergischen Landes untergebracht. 1973 rückte Schloß Homburg kurz ins Blickfeld der internationalen Öffentlichkeit, als der damalige Bundeskanzler Willy Brandt und das damalige Staatsoberhaupt der Sowjet Union Leonid Breschnew in der mittelalterlichen Burgküche ein gemeinsames Essen einnahmen.

Waldbröl

Das am südlichen Rand des Oberbergischen Kreises gelegene Waldbröl findet bereits 1131 in einer Urkunde des Papstes Innozenz II. Erwähnung, der zu entnehmen ist, daß das damalige Kirchdorf „Waltprugele" dem mächtigen Bonner Stift St. Cassius und Florentius Abgaben für dessen hiesige Besitzungen zu zahlen hatte. Annehmen darf man allerdings noch eine weiter zurückreichende Geschichte der Siedlung. Realistisch wäre ein Entstehen etwa um die Jahrtausendwende. Aus romanischer Zeit, der die genannte Urkunde entstammt, datiert auch die Ev. Kirche im Stadtzentrum, deren Turm im 12. Jh. errichtet wurde, 1843 aber mit einem neuen Gemeinderaum versehen wurde, in dem sich heute die größte Orgel des Kreisgebietes mit 2502 Pfeifen befindet; unweit von hier die Kath. Kirche St. Michael mit dem modernen Anbau.

Waldbröl gehörte im Mittelalter zur Herrschaft Sayn-Homburg, gelangte dann ab dem 14. Jh. und endgültig nach dem „Siegburger Vergleich" (1604) an das Herzogtum Berg. Was seiner wirtschaftlichen und politischen Entfaltung lange Zeit entgegenstand, war die Macht einflußreicher Adelssitze in der Umgebung. 1816 stieg Waldbröl zum Kreisort auf, doch sollte es noch lange dauern, ehe es 1957 Stadtrecht erhielt.

Heute liegt die Bedeutung dieser „Stadt im Grünen" darin, wirtschaftlicher, kultureller und verkehrsmäßiger Mittelpunkt eines weitreichenden Einzugsgebietes zu sein. Eingebüßt hat sie ihr historisches Aussehen.

Geboren wurde hier der Dichter Anton Wilhelm von Zuccalmaglio (1803–69), Volkskundler, Liedersammler und Komponist, der sich den Beinamen Wilhelm von Waldbröl gab.

Morsbach

Heilklimatischer Kurort mit aufstrebendem Fremdenverkehr – so ließe sich das Erscheinungsbild dieser Gemeinde am südöstlichen Rand des Oberbergischen Landes kurz skizzieren. Sternförmig führen die Straßenzüge zum Zentrum, an das sich der Kurpark südlich anschließt: Ausgangspunkt eines kilometerlangen Wandernetzes. Hier finden sich auch Einrichtungen für den Kurgast, z. B. das Haus des Gastes (unten rechts). Ein Kurmittelhaus sowie das biomedizinische Institut für Naturheilbehandlungen ergänzen darüberhinaus das Angebot.

Morsbach befand sich im ausgehenden Mittelalter als Kirchspiel im Grenzgebiet mehrerer miteinander im Streit um die Herrschaft liegender Machtbereiche: Berg, Homburg, Wildenburg und Nassau-Siegen, bis es 1604 endgültig dem Herzogtum Berg einverleibt wurde. Morsbach feierte 1995 die 1100-Jahrfeier, denn nach einer Urkunde von 895 besaß das Bonner Stift St. Cassius hier Ländereien.

Sehenswert ist die staufische Emporenbasilika St. Gertrud (12./13. Jh.) an erhöhter Stelle über dem Ort (Mitte links). Sie gilt neben der Wipperfürther Pfarrkirche St. Nikolaus als die schönste romanische Kirchenanlage des Oberbergischen Landes.

Schloss Crottorf bei Friesenhagen

Eine der schönsten Sehenswürdigkeiten im südöstlichen Teil des Bergischen ist das Wasserschloß Crottorf, gelegen im sogenannten Wildenburger Land. Der kurze „Sprung“ über die Landesgrenze von NRW in den Kreis Altenkirchen (Bundesland Rheinland-Pfalz), der dazu nötig war, mag erlaubt sein, damit dieser prächtige Herrensitz in das Buch aufgenommen werden konnte.

Seit dem 16. Jh. nicht mehr zerstört – wohl dank der abgeschiedenen Lage fern aller Handelswege – gilt heute Crottorf als die schönste und besterhaltene Wasserburganlage des Rheinlandes. Im 12. Jh. existiert hier ein Lehenshof der Herren von Wildenburg, während des 13. Jh. geht die Burg an die Ritter von Hatzfeld über. Um die Mitte des 16. Jh. versuchen sich die hier ansässigen Vasallen aus dem Abhängigkeitsverhältnis zu entziehen, zunächst erfolgreich, aber es entstehen jahrelange Streitigkeiten. Johann von Selbach läßt die Burg schon wie eine Festung ausbauen (doppelter Wassergraben, Ringmauer, Wälle), da zeichnet sich schließlich eine Lösung ab. Seine Tochter Katharina heiratet den Lehensherren Graf Wilhelm von Hatzfeld, das Anwesen verbleibt von nun an bei der Stammlinie des Hauses Hatzfeld-Wildenburg.

Vier mächtige Flankentürme sichern das Hauptgebäude nach allen Seiten hin. Das doppelte Grabensystem verhindert von vornherein den direkten Zugang. Möglich ist dieser nur über die Brücke mit dem Torhaus (rechts), von wo man durch ein weiteres Tor zunächst in die Vorburg gelangt, deren Obergeschoß in Fachwerk ausgeführt wurde. Erst über eine weitere Brücke erhält man Zugang zum inneren Burghof.

Hermann Graf von Hatzfeld-Wildenburg als der gegenwärtige Hausherr auf Schloß Crottorf mißt Erhaltung und Pflege dieses baugeschichtlichen Juwels eine hohe Relevanz bei. Die Besichtigung des Innern ist allerdings nicht möglich.

Friesenhagen

Politisch gesehen liegt das schmucke Kirchdorf am südöstlichen Rand des Oberbergischen Landes schon im Bundesland Rheinland-Pfalz, allerdings nur wenige Kilometer jenseits der Landesgrenze. Jedoch vollzog sich sein geschichtlicher Werdegang in enger Verknüpfung mit dem bergischen Kernland. Dort, wo heute auf einer Anhöhe die Kath. Kirche St. Sebastian (1740) durch ihren gelben Außenanstrich einen deutlichen Orientierungspunkt setzt, stand im 12. Jh. ein romanischer Vorgängerbau, den Papst Innozenz II. 1131 dem Bonner Stift St. Cassius als dessen zehntpflichtige Besitzung bestätigt hatte.

Das ganze Mittelalter hindurch bis in die Neuzeit prägten im Kirchspiel Friesenhagen die Grafen von Sayn, die von Wildenburg und später die von Hatzfeld das politische Geschehen. Zeitweise hat die Dorfkirche der Familie von Hatzfeld, welche im vier Kilometer entfernten Schloß Crottorf residierte, als Grablege gedient. Daran erinnert das Grabmal Sebastians von Hatzfeld (1568–1631) und seiner Gattin Lucia von Sickingen (1569–1605).

Burgruine Windeck

Schon vor langer Zeit ist Burg Windeck zur Ruine geworden, und dennoch haben sich bedeutende Reste der einstigen Trutzburg an der südöstlichen Flanke des Herzogtums Berg bis auf den heutigen Tag erhalten. Was wir sehen, geht immerhin auf das 15. Jh. zurück. 1647 legte ein schwedisches Heer unter Genaral Baudissin Teile der Anlage in Schutt und Asche, den Rest der Zerstörung besorgten die Franzosen 1672.

Der strategisch vorteilhafte Standort erklärt sowohl die weit zurückreichende Geschichte wie die herausgehobene Bedeutung, welche die Burg besessen haben muß.

Ursprünglich war sie einmal Grenzfeste der Sachsen gegen die Franken, befindet sich 1174 im Besitz des thüringischen Landgrafen Ludwig III., der sie dem Haus Berg zu Lehen gibt. Zwischenzeitlich sitzen hier die Grafen von Sayn und spekulieren dabei auf den Ausbau ihres eigenen Machtbereichs, da sie jedoch ohne Erbnachfolger bleiben, lassen sie sich Windeck von dem geschickt agierenden Adolf V. von Berg abkaufen. Seitdem gehört die Burg dem Haus Berg, das Windeck zum Amtsbezirk macht.

Die hoch über der Sieg gelegene Burg macht trotz der Zerstörungen noch immer einen imposanten Eindruck, gut erkennbar sind der ehemalige Wohnturm (links) und die noch erhaltene Ostwand des Rittelsaales. Dem Umland verlieh sie den Namen „Windecker Ländchen".

Ruppichteroth

Auf dem Abhang nördlich der B 478 (unten) dehnt sich das „Oberdorf", der älteste Ortsteil der kleinen Gemeinde Ruppichteroth (9410 Einw.) im Rhein–Sieg–Kreis aus. 1131 wird „Ruoprechtrothe" zum erstenmal genannt, und zwar in einer Urkunde des Bonner Stifts St. Cassius, zu dessen Besitz die Kath. Kirche St. Severin gehörte. Dem Baustil Oberbergischer Landkirchen entspricht das weißgetünchte evang. Kirchlein (17. Jh.) inmitten des Dorfes. Andeutungsweise sieht man noch den ursprünglichen Verlauf des Häuserings um die Kirche.

Ruppichteroth-Schönenberg

Wenige Kilometer westlich von Ruppichteroth liegt an der B 478 der Ortsteil Schönenberg. Die im St. Vinzenz-Haus ansässige Ordensgemeinschaft ist vornehmlich pädagogisch tätig, sie führt als Höhere Lehranstalt das Theresien-Gymnasium (obere Bildmitte), dem auch die erst 1994 errichtete Klosterkirche hinzugefügt wurde, in mancher Hinsicht ein modernes Abbild rheinischer Basiliken.

Ruppichteroth-Bröleck

Im Dorfnamen hat sich das Flüßchen Bröl verewigt. Aus dem Homburger Ländchen kommend, mündet es bei Bröleck in den Waldbrölbach. Die Mündungsstelle befindet sich rechts der Straßenbrücke (B 478).

Burg Herrnstein im Bröltal

Aus der Wiesen- und Waldlandschaft des unteren Bröltals erheben sich die Gebäude der Burg Herrnstein. Das den Kern der Anlage bildende Herrenhaus wächst – alle restlichen Baulichkeiten überragend – drei Stockwerke in die Höhe; es stammt aus dem 15./16. Jh. Unterhalb liegt die Vorburg. Den guten Zustand verdankt die Burg ihren traditionsbewußten Besitzern, die im Laufe der Zeit für manche Rekonstruktion gesorgt haben.

Herrnstein wurde im 14. Jh. durch die Ritter vam Steyne errichtet, die den festen Standort auf felsigem Bergeshang mit Vorbedacht ausgewählt haben. Später übernehmen die Grafen von Nesselrode-Reichenstein und ab 1825 deren westfälische Verwandten aus dem Haus Droste-Vischering das Anwesen. Ausgedehnte Teichanlagen erinnern noch heute an das einstige Wassergrabensystem, den natürlichen Schutz der Burg.

Kloster Merten an der Sieg

Auf dem hohen Ufer der Sieg gelegen, versteckt sich der ehemalige Klosterbezirk hinter schönem, altem Baumbestand, genannt wird er erstmalig 1183 als „vicus sanctae martiris Agnetis“ (Gehöft der heiligen Märtyrerin Agnes). Drei gestreckte Flügelbauten umgeben den bedeutendsten Teil der Anlage: die romanische Basilika St. Agnes (Ende 12. Jh.). Es fällt auf, daß von den zwei Türmen der eine unvollendet gebieben ist. Man sieht in dem Augustinerinnen-Kloster eine Stiftung des Grafen Heinrich II. von Sayn. Wegen zahlloser militärischer Plünderungen (u. a. während des 30jährigen Krieges und durch französische Revolutionsheere) war die Existenz des Konvents oft in Frage gestellt, wurde hier doch einst der umfangreichste Reliquienschatz des Kölner Raumes bewahrt. Die Säkularisierung 1803 führte schließlich zur Aufhebung.

Hennef-Blankenberg

Die kleinste Stadt Deutschlands ist sie gewesen, als man ihr im Mittelalter die Stadtrechte verliehen hat, und dies sollte sich die Jahrhunderte hindurch nicht ändern, denn mehr als rund 200 Einwohner zählte Blankenberg nie. 1245 hatte Graf Heinrich III. von Sayn dieses wichtige Privileg vergeben und dafür gesorgt, daß sich im Schutze der Burg eine Siedlung entwickeln konnte, die sogenannte Neustadt. 1246 stiftete seine Gattin Mechthild hier ein Kloster für die Zisterzienserinnen. Aus dieser Zeit etwa stammt die Pfarrkirche St. Alexandra (rechts unten) in unmittelbarer Nähe der gut erhaltenen Stadtmauer. Auch die beiden Türme, welche die hübschen Fachwerkhäuser überragen, sind in die Mauer integriert und Teil des um 1400 abgeschlossenen Befestigungswerks; am höchsten Punkt der Katharinenturm (rechts), auf der linken Stadtseite der Georgenturm.

Bevor es zur Gründung der Neustadt kam, hatte sich bereits an der Burg hoch über der Sieg eine kleine Siedlung, die sogenannte Altstadt gebildet. Sie befand sich dort, wo jetzt die kreisrunde, freie Bodenfläche oberhalb des Georgenturmes sichtbar wird. Die Altstadt und die sich nach links weit den Hügel hinabziehende Burganlage von 1170/80 erlitten während der Kriege im bergisch-clevischen Erbfolgestreit, aber auch durch Angriffe schwedischer Heere im 30jährigen Krieg, schwerste Beschädigungen. Auf den Wiederaufbau wurde verzichtet.

Den Ausmaßen zufolge muß diese Burganlage die größte des Rheinlands gewesen sein, mächtigster Eckpfeiler des Herrschaftsgebietes der Grafen von Sayn, konnte von ihnen jedoch nur knapp 200 Jahre lang gehalten werden. 1363 ging sie in den Besitz des Hauses Berg über, ebenso die Stadt und das Umland. Heute ist Blankenberg ein gern besuchtes Ausflugsziel mit der ganzen Romantik des Mittelalters.

Hennef-Blankenberg

Rechts des Bogens, den die Sieg hier beschreibt, steigt ein bewaldeter Hügel an, auf dem die Befestigungswerke der ausgedehnten Burganlage der Grafen von Sayn noch heute gut erkennbar sind. Es beginnt mit dem Batterieturm (vorn), von dem aus auch der Einsatz von Kanonen erfolgen konnte. Etwas zurückversetzt steht der runde Wehrturm, gefolgt von dem Bergfried als einem Teil der ehemaligen Hauptburg. Den Abschluß dieser Reihe bildet das Georgentor (15. Jh.). Dahinter breitet sich die Stadt Blankenberg aus.

Wahnbach-Talsperre bei Hennef

Auch im südwestlichen Teil des Bergischen liegt einer der großen Stauseen, die dem Land ein besonderes Erscheinungsbild verleihen. Der Wahnbach – ein kleines Gewässer nur – wird, kurz bevor er in die Sieg mündet, zu einem ausgedehnten Wasserreservoir aufgestaut. Die Talsperre entstand in den Jahren 1954–58. Sie dient ausschließlich der Trinkwasserversorgung der Städte Bonn und Siegburg und ist nicht für den Wassersport freigegeben. Um den Stausee zieht sich ein geschlossener, schützender Waldgürtel.

Schloss Auel bei Lohmar-Wahlscheid

Das heutige Schloßhotel Auel geht auf einen Herrensitz zurück, der erstmalig 1391 genannt wird. Durch Peter Josef von Proff zu Menden geschah 1763 der Umbau zum barocken Wasserschloß. 1865 reißt man aus Platzgründen die Wirtschaftsgebäude ab, schüttet die Wassergräben zu, und nur das Herrenhaus in seinem heutigen Zustand mit hufeisenförmiger Ausrichtung auf Vorplatz und Zufahrt bleibt erhalten.

Der berühmteste Gast, den Schloß Auel wohl jemals gesehen hat, war Napoleon. Er weilte hier im Jahr 1811. Als die Freiherren La Valette St. George während des 19. Jh. in den Besitz der Anlage kamen, wandelten sie Auel bald in ein nobles Hotel-Restaurant um. Reizvoll wirkt auch das romantische Ambiente mit den schattenspendenden Bäumen des Parks. Da nimmt es sich eigentlich nicht verwunderlich aus, daß so viele Brautleute die Schloßkapelle bevorzugen, um den Bund der Ehe zu schließen.

Schloss Allner bei Hennef

Als die Schloßanlage noch eine von Gewässern umgebene Burg war, diente sie dem jülisch-bergischen Amtmann Arnold von Merkelsbach gen. Allner als Wohnplatz. Er ist um 1420 als Angehöriger des niederen Dienstadels der mutmaßlich erste Eigentümer. 1560 kommt die Burg an die Familie Scheiffart von Merode. Ein knappes Jahrhundert später lassen die Brüder Goswin und Bertram Scheiffart sie vergrößern und mit mächtigen Umfassungsmauern versehen (1643). Der Hauptbau über kreuzförmigem Grundriß erscheint seitdem durch einen Vorbau und flankierende Nebenbauten wuchtig und ausladend.

Auch in der Folgezeit erlebt Schloß Allner immer wieder bauliche Veränderungen, die einschneidendsten davon geschehen im Auftrag des bürgerlichen Besitzers Dr. Mooren, der 1875/76 den Franziskanermönch und Architekten Paschalis (bürgerlicher Name: Theodor Kratze) zu den Arbeiten heranzieht. Paschalis jedoch geht dabei mit wenig Kunstsinn vor, so daß der Wiederaufbau des im Zweiten Weltkrieg beschädigten Schlosses im Jahr 1952 willkommener Anlaß für eine sachgerechte Restaurierung ist. Schloß und Vorburg beherbergen heute Eigentumswohnungen. Über Jahrhunderte hinweg blieb der prächtige Landschaftspark erhalten.

Siegburg

Halbkreisförmig lagert sich die Stadt um den bewaldeten Hügel des Michaelisberges (118 m), auf dem der Kölner Erzbischof Anno II. im frühen Mittelalter eine Benediktinerabtei gründete. Lange vor dieser Zeit bestand jedoch schon im Tal eine Siedlung, die dann später (1182) zur Stadt erhoben wurde und sich etwa dort befand, wo heute der alte Stadtkern liegt (Bildmitte). Gehörte Siegburg während der karolingischen Epoche noch zum pfalzgräflichen Besitz des Auelgaues, so änderten sich die besitzrechtlichen Verhältnisse, nachdem Anno sich erfolgreich Abtei und Siedlung erstritten hatte und sie dem Kölner Erzstift einverleiben konnte. 1676 kommt Siegburg mit dem Auelgau als sogenannte Unterherrschaft an das Herzogtum Berg, 1825 wird es Kreisstadt.

Seit der Gründung hatte die Abtei St. Michael als hochrangiges geistiges Zentrum des Rheinlandes eine starke Ausstrahlung auf das Umland, sowohl in Richtung auf Herausbildung einer feinmaschig strukturierten Kirchenprovinz als auch in bezug auf seine Herstellung künstlerischer Produktionen (berühmter Annoschrein von 1183; Annolied eines anonymen Mönchs, 12. Jh.). Um die Abteikirche auf dem Michaelisberg gruppieren sich Klostergebäude des 17. und 18. Jh.

Aus der Altstadt am Fuß des Berges ragt die St. Servatius-Kirche (1170) empor; erbaut aus heimischem Tuffstein und mit schöner Fassadengliederung eine der bedeutenden rheinischen Pfarrkirchen der Romanik. Unweit dehnt sich der langgestreckte Marktplatz aus.

In Siegburg wurde Engelbert Humperdinck (1854–1921), Komponist der Oper „Hänsel und Gretel“, geboren.

Flughafen Köln/Bonn

In der Wahner Heide liegt, 14,8 km vom Kölner Stadtzentrum entfernt, der zweite Großflughafen des Landes NRW und dehnt sich über ein Gebiet von 1000 Hektar aus; das entspricht dem Ausmaß von 1500 Fußballfeldern. Von den insgesamt drei zur Verfügung stehenden Start- und Landebahnen mißt die längste 3800 m, was Flugbewegungen mit größtem Fluggerät ermöglicht. Über die A 59 besteht zu diesem „Drive-in-Airport" eine günstige Erreichbarkeit, das macht ihn vor allem für Ferienfluggäste zunehmend attraktiv. 1995 wurden hier 4,8 Mill. Passagiere gezählt. Aber auch die gewerbliche Wirtschaft des Rheinisch-Bergischen Raumes ist ein wichtiger Kunde von Deutschlands zweitgrößtem Frachtflughafen geworden. Sieben Frachthallen (35 000 qm Fläche) bieten eine beachtliche Lagerkapazität an. Moderne Logistik steuert den Warenumschlag in Richtung auf erfreuliche Zuwachsraten. 1995 waren es bereits 280 000 t.

XVIIIe

1700 — 1750 — 1800

Autriche (…61)

Louis XIV (1661-1715)

Régence de Philippe d'Orléans (1715-1723)

Louis XV (1723-1774)

Louis XVI (1774-1792)

Ire République, Directoire et Consulat (1792-1804)

1659 Traité des Pyrénées fin de la guerre France/Espagne

1664 Condamnation de Foucquet

1668 Paix d'Aix-la-Chapelle

1678 Paix de Nimègue

1679 Habeas corpus Act en Angleterre

1681 Dragonnades contre les protestants

1682 Installation de Louis XIV à Versailles

1685 Révocation de l'édit de Nantes

1686-1794 Guerre de la ligue d'Augsbourg

1701-1714 Guerre de Succession d'Espagne

1702-1705 Révolte des Camisards

1713 Excommunication des Jansénistes

1716 Système financier de Law

1717 Triple Alliance

1719 Guerre entre la France et l'Espagne

1720 Effondrement du système de Law

1724 Édit contre les protestants

1741-1748 Guerre coloniale avec l'Angleterre

1748 Traité d'Aix-la-Chapelle

1755 Tremblement de terre de Lisbonne

1756-1763 Guerre de Sept Ans

1762 Affaire Calas

1764 Expulsion des jésuites

1766 Affaire du chevalier de La Barre

1776 Indépendance des États-Unis

1787 Édit de tolérance envers les protestants

1789 RÉVOLUTION

1793 Exécution de Louis XVI

1795 Directoire

1799 Coup d'État du 18-Brumaire

1766-1769 Voyage de Bougainville

1768-1779 Voyages de Cook

1666 Création de l'Académie des sciences de Paris

1681 Halley étudie la comète qui portera son nom

1687 Newton, *Principes mathématiques de philosophie naturelle*

1736 Confirmation des principes de Newton par le calcul du méridien terrestre

1765 Invention de la machine à vapeur

1774 Grand téléscope de Herschel

1783 Lavoisier, analyse de l'eau

1800 Volta, pile électrique

1661 Début de la construction du château de Versailles

1662 Philippe de Champaigne, *Ex-voto*

1662 Vermeer, *La Jeune Fille à la perle*

1710 Destruction de l'abbaye de Port-Royal des-Champs

1717 Watteau, *L'Embarquement pour Cythère*

1721 Bach, *Six Concertos brandebourgeois*

1742 Haendel, *Le Messie*

1748 Fouilles de Pompéi

1766 Fragonard, *Les Hasards heureux de l'escarpolette*

1787 Mozart, *Don Giovanni*

1793 David, *Marat expirant*

Classicisme — **Philosophie des Lumières**

J. Swift 1667-1745

P. de Marivaux 1688-1763

Montesquieu 1689-1755

Voltaire 1694-1778

C. Goldoni 1707-1793

J.-J. Rousseau 1712-1778

D. Diderot 1713-1784

D'Alembert 1717-1783

P. de Beaumarchais 1732-1799

C. de Laclos 1741-1803

Condorcet 1743-1794

C. Perrault 1628-1703

J. W. von Goethe 1749-1832

N. Boileau 1636-1711

F. von Schiller 1759-1805

J. Racine 1639-1699

A. Chénier 1762-1794

J. de La Bruyère 1645-1696

F. Fénelon 1651-1715

F.-R. de Chateaubriand 1768-1848

BOUAKKAZ
Julie
BTS 1 PHE